Fritz August Hoenig

Die Scharnhorst'sche Heeresreform und die

Sozialdemokratie

Fritz August Hoenig

Die Scharnhorst'sche Heeresreform und die Sozialdemokratie

ISBN/EAN: 9783744603898

Hergestellt in Europa, USA, Kanada, Australien, Japan

Cover: Foto ©Suzi / pixelio.de

Weitere Bücher finden Sie auf **www.hansebooks.com**

Die
Scharnhorst'sche Heeresreform

und die

Sozialdemokratie.

Von

Fritz Hoenig.

Motto:
„Seine Macht ist nicht so groß mehr".
Scharnhorst.

Berlin.
Militär-Verlag R. Felix.
1894.

Vorbemerkung.

Motto: „Seine Macht ist nicht so groß mehr."
Scharnhorst.

Seit mehreren Jahren ist in der Tagespresse und im Reichs=
tage bei verschiedenen Gelegenheiten über den „Scharnhorst'schen
Gedanken" gesprochen worden; und in der Reichstagssitzung vom
15. März 1894 hat der Abgeordnete Liebknecht einen Antrag zur
Verwirklichung der Absichten des großen Reformators angekündigt.
Aus dieser Rede und vielerlei öffentlichen Erörterungen muß
entnommen werden, daß die Vertreter des sogenannten „Scharn=
horst'schen Gedankens" in der heutigen vaterländischen Wehrverfas=
sung etwas anderes erblicken, als die Scharnhorst'sche Armeereform
und daß der „Scharnhorst'sche Gedanke" erst noch in's Staatsleben
übertragen werden müsse. Auffallenderweise hat aber noch Niemand
gesagt, was denn eigentlich der „Scharnhorst'sche Gedanke" bezweckte,
worin er bestand. Aus den verschiedenen Meinungen kann man
nur etwa Folgendes entnehmen: 1. Scharnhorst soll die Absicht
gehabt haben, zur Dienstpflicht jeden waffenfähigen Mann heran=
zuziehen; 2. an Stelle der stehenden Armee eine Miliz mit freier
Offizierwahl zu setzen und kommunalen Charakters, lediglich zur
Vertheidigung des Vaterlandes; 3. die Dienstpflicht unter der
Fahne auf kurze Uebungszeiten zu beschränken. Da wir nun bei
den Fußtruppen eine zweijährige Dienstpflicht haben und die ver=
meintlichen Vertreter des „Scharnhorst'schen Gedankens" ihn auch
in dieser Beziehung noch unerfüllt glauben, müssen sie wohl an=
nehmen, Scharnhorst hätte unter dieses Maaß herabgehen wollen,

1 *

wie weit, laſſen ſie nicht erkennen; 4. eine Ungleichheit in der
Dienſtzeit nicht einzuführen; 5. die Miliz nicht zu einem Angriffs=
kriege zu gebrauchen.

Die nachfolgende Darlegung ſtellt ſich die Aufgabe, den
„Scharnhorſt'ſchen Gedanken" in ſeiner urſprünglichen Reinheit zu
entwickeln, jedoch ſollte hierbei nur derjenige Theil der Reformen
Scharnhorſt's berührt werden, welcher ſich mit der allgemeinen
Wehrpflicht befaßt.

I.
Die Phrase vom Militarismus.

In neuerer Zeit begegnet man in den mündlichen und schrift-
lichen politischen Erörterungen heerfeindlicher Kreise häufig dem
Wort Militarismus. Sie benutzen das Wort zur Bezeichnung
eines unerträglichen Zustandes, in welchem sich die Großstaaten des
europäischen Festlandes befinden sollen. Diesen Zustand wollen sie
beseitigen. Deshalb werden alle unliebsamen Erscheinungen des
Heerwesens summirt und in möglichst abschreckendem Tone besprochen.
Dadurch hoffen sie die Unzufriedenheit der Massen zu erregen und
für ihre Zwecke auszubeuten.

Ist ein Mann vorschriftswidrig behandelt worden oder irgendwo
ein Hitzschlag vorgekommen, so wird die Schuld dem Militarismus
aufgebürdet. Der Militarismus wieder ist das Signum aetatis aller
Nationen mit nicht milizartigem Heerwesen. Die Schweiz mit ihrer
Miliz müßte also von den Uebeln des Militarismus frei sein.
Zwingen die militärischen Anstrengungen äußerer Mächte zur Ver-
stärkung der Staatswehr, so opfert die Regierung dem Moloch
Militarismus. Daß die Schweiz mit ihrer Miliz genau in dem
Sinne verfährt und verhältnißmäßig höhere Opfer bringt als z. B.
Deutschland, ist selbstredend ohne Belang in dem eigenthümlichen
Denkprozeß. Tritt die Heeresleitung unberechtigten Forderungen
entgegen, so liegt die Schuld in ihrem einseitigen militärischen
Standpunkte. Wird ein Staatsbürger Offizier des Beurlaubten-
standes, so spottet man über Militarismus, und doch befinden sich
die Offiziere der Miliz fast ausnahmslos in einem ähnlichen Beur-
laubtenverhältniß. Alle, welche Uniform tragen und in ihr ein
Ehrenkleid erblicken, sind Kinder des Militarismus; nur nicht in
der — Schweiz! Aeußere Formen, Gebräuche, Sitten und Gesin-

nung werden in Staaten mit stehenden Heeren ebenso als Milita=
rismus bekämpft, wie alle Erziehungs= und Bildungseinrichtungen
der bewaffneten Macht und diese selbst. Treue und Liebe zur
Truppe, zur Armee, Nationalgefühl, Vaterlandsliebe sind mehr oder
weniger tabelnswerthe Theile am Baume des Militarismus. Er
bedeutet in den Augen der Feinde der stehenden Armeen Einseitig=
keit, Druck, Anmaßung, Standesvorrechte, Gewaltthätigkeit, Selbst=
zweck, Kulturfeindlichkeit.

Selbstverständlich ist das, was diese Propheten Militarismus
nennen, die einzige Erscheinung in der stofflichen und intellektuellen
Welt, welche keine gute Seite hat. Gewiß ein Zeichen für die
Richtigkeit ihrer Auffassung.

So steht es nun aber in Wirklichkeit nicht. Sie kennen die
vielen guten Seiten, welche unsere Wehrverfassung gezeitigt hat und
zeitigt, sehr genau. Sie haben sogar in ihrer politischen Organi=
sation von der erziehlichen Seite der Wehrverfassung Nutzen gezogen.
Aber da sie die Gliederung des Staats und den Staat selbst um=
stoßen wollen, dürfen sie nur Schlechtes sehen oder solches vorgeben,
denn für ihren Zweck ist die Beseitigung der Staatswehr Vorbe=
dingung. Weil nach ihrer Meinung Staatsgewalt und Kapitalis=
mus sich in die Hand arbeiten, um die Besitzlosen zu unterdrücken,
soll ihnen das Mittel des fühlbarsten Druckes entzogen werden, die
bewaffnete Macht, und sie selbst reformirt werden, d. h. die heutige
Staatswehr in eine sozialdemokratische Miliz umgeschaffen werden.

Die Feindschaft gegen den Staat ist also die Quelle der Feind=
schaft gegen seine Wehr; fällt die letztere, so fällt auch der Staat,
wobei kein Unterschied in der Staatsform gemacht wird.

In den Debatten früherer Zeit kommt das Wort Militarismus
nicht vor. Damals war der „Grund des Uebels“ der „Kastengeist“.
Erst aus der Asche dieser Phrase reckte sich sein Schößling empor.
Zunächst sollte er das Zahlenverhältniß zwischen bewaffneter Macht
und der Bevölkerung ausdrücken. So war das Wort namentlich
bei den französischen Kammerdebatten im Anfange der 70er Jahre
gebräuchlich. Allmählich verbanden die Widersacher der Armee da=
mit den Begriff der Volks= und Kulturfeindlichkeit und so aus=
staffirt, wurde es für Phrasenhelden die Hauptwaffe ihrer politischen
Rüstkammer. Die Presse wiederholte es in allen Tonarten, die
Demagogie beutete es im Sinne einer modernen Plage der Mensch=

heit aus. Ein riesiger Begriffspopanz war in die Zivilisation eingeführt, die „Schraube ohne Ende" soll ihm Unsterblichkeit verbürgen!

Die Sozialdemokratie sieht in der stehenden Armee die Zuchtstätte des Militarismus, in dem letzteren den Träger aller Unterdrückungsprinzipien. Er ist in ihren Augen die vollkommenste zentralisirte Einrichtung und zugleich die Verkörperung der größten Machtvollkommenheit des Staatsoberhauptes; er ist wieder in der Hand des Staatsoberhauptes durch seinen bloßen Bestand das mächtigste Mittel für die Fortentwickelung des historischen Staats. Er ist der Ausdruck des Klassensystems; der Ausbeuter des Proletariats, dem alle Gewerbe, Wissenschaften, Künste und gesammte öffentliche Einrichtungen sich unterordnen, mindestens anbequemen müssen. Er ist ein Kultus, der keinen anderen neben sich duldet.

Es wäre deshalb logisch, wenn die Sozialdemokratie die Armee als Einrichtung vollständig negirte. Denn ihr Ehrgefühl, ihr Pflichtgefühl, ihre Gesinnung, ihr Geist, ihr Einfluß auf das Volksleben, die Gesammtheit ihrer moralischen Kräfte sind das wahre Ziel ihrer Anstürme. Sie will sich die gleiche Macht auf ihre Weise für ihre Zwecke erobern. Sie sucht deshalb das stehende Heer herabzusetzen, die Unzufriedenheit mit den historischen Staatseinrichtungen zu nähren; sie macht Propaganda für eine gesellschaftneuordnende Zentralgewalt und selbstrebend auch für eine neue Gesellschaftsordnung in der Armee. Sie ist sich über die Verwirklichung ihrer Vorstellungen unklar, hat aber im Allgemeinen die Taktik der Konzentration angenommen. So kommt es, daß sie stets das Nächstliegende und alles was Unzufriedenheit erzeugen kann, aufgreift und hierbei ihre Angriffe einsetzt. Dafür ist ihr der kleinste wirkliche oder vorgebrachte und in's Volk hinausgerufene Verstoß des Berufssoldatenthums willkommen.

Die Sozialdemokratie will die Armee als „Volksheer" in ihrem Sinne sogar vermehren. Das ist an sich schon ein Widerspruch mit ihren Klagen über den drückenden Militarismus, aber sie übersieht auch, daß die „Volkswehr", welche sie schaffen würde, ihrerseits sogleich besondere Eigenthümlichkeiten aufweisen würde, die wieder Militarismus wären oder würden, denn jede Einrichtung hat ihren Geist. Ohne letzteren ist keine lebensfähig.

So große Wechsel die Armeen im Völkerleben nämlich durch-

gemacht haben, von der losesten Miliz bis zur schärfsten Ausprä=
gung des Soldatenstandes mit ihren verschiedenen Zwischengliedern
und Veränderungen in der Form, so bildete sich doch unter allen
Völkern zu Zeiten eines kräftigen nationalen Lebens eben das
heraus, was Scharnhorst richtig „den militärischen Geist des Volkes"
nennt. Dies ist nun aber genau das, was die Sozialdemokratie in
einem Athem als kulturseindlichen Militarismus bekämpft und als
Befreiung von allen Uebeln — fordert! Ist der Militarismus eine
Macht von Leben und Saft, so kehrt er auch immer wieder; ist er
nur ein künstliches Phantom, so würde er nie entstehen, leben und
vergehen können, um unter anderen Verhältnissen wieder aufzuerstehen.
Er ist aber nicht das, was die Sozialdemokratie darunter versteht;
er war es nie und wird es nimmer werden. Denn solche Plage
wäre mit keiner Kultur, mit keiner Zivilisation, ja mit keinem
Staatswesen vereinbar. Er wäre der unbedingte Tod Aller.

Der Behauptung der Sozialdemokratie steht die historische
Thatsache gegenüber, daß „unter dem militärischen Geist des Volkes"
alle Staatsgemeinschaften wohl gefahren sind; selbst unter neuen
Ideen, welche über eine ältere Zivilisation triumphirten, kehrte der
„militärische Geist" bei den verschiedenen Völkern wieder und alle
gelangten dadurch auf den Höhepunkt ihrer Kraft und ihres politi=
schen Einflusses. So ist es auch in Deutschland gewesen. Statt
ein Schimpf und eine Plage zu sein, könnte man mit diesem Er=
gebniß des Militarismus wohl zufrieden sein.

Daß die Sozialdemokratie die Armee nicht abschaffen, sondern
im Sinne einer Volkswehr reformiren will, hat der Abgeordnete
Bebel am 13. Dezember 1892 und später deutlich ausgesprochen.
Man muß nur hinzusetzen, in seinen Augen ist eine Volkswehr
sozialdemokratisch oder überhaupt nicht bestehensfähig.

Es kommt der Sozialdemokratie nicht auf Klarheit und Er=
wägung der Lebenskraft ihrer Ideen an; sie will und muß beides
vielmehr verhüten. Deshalb appellirt sie stets an den niedrigen
Egoismus, deshalb ist sie allem Feind, was seiner Entfaltung im
Wege steht oder stehen soll. Das sozialdemokratische Programm
verwirft nicht nur den modernen Staat, seine Gesellschaftsgliederung
und seine Verwaltungs= und Exekutiv=Organe; es will die Mensch=
heit von allen Fäden, welche sie mit der historischen Vergangenheit
verkettet, loslösen. Die Sozialdemokratie erkennt kein Vaterland und

kein Nationalgefühl an, sie verwirft die Ehe, damit die Familie und
die Stellung der Frau in ihr; sie verwirft das Christenthum und
die aus ihm hervorgegangene Zivilisation, die Erblichkeit des Besitzes, entkleidet dadurch aber auch die Menschheit der Ideale.
Deshalb sind ihr auch alle Einrichtungen, welche die Pflege der
Ideale zum Ziel haben, verhaßt und da sie wohl weiß, daß keine
Armee ohne Ideale bestehen kann, so richtet sich ihr Ansturm auch
aus diesem Grunde gegen sie. Es wird sich später zeigen, daß der
Reformator, dessen Name sie so häufig als vermeintlichen Vertreter
ihrer militärischen Ideen anruft, nämlich Scharnhorst, vom reinsten
Idealismus erfüllt war, daß seine Reformen in erster Linie auf die
Belebung des „militärischen Geistes des Volkes" abzielten, und daß
der „militärische Geist des Volkes" wieder seine Kraft aus allen jenen
Idealen schöpfen sollte, welche die Sozialdemokratie nicht anerkennt.
Was sie dem menschlichen Gemüthe dafür als Ersatz bieten will,
sagt die Sozialdemokratie nicht.

Die Sozialdemokratie hat am Militarismus, wie Vorstehendes
ergiebt, recht viel auszusetzen, aber es würde doch unmöglich sein
zu sagen, was sie sich anders darunter vorstellt, als daß er ihren
Ideen hinderlich im Wege steht, oder wie Gladstone sich zu ihrer
Freude unter dem 16. Juni 1893 im englischen Unterhause ausdrückte: „Der Militarismus ist ein fürchterlicher Fluch für die Zivilisation". Militarismus und Volkswohlfahrt, Militarismus und
Kultur, Militarismus und Zivilisation sind nach ihrem Katechismus
Gegensätze.

Wie steht es aber damit?

Wenn man dem Begriff einer abstrakten Einrichtung nachspüren
wollte, der dem Worte Militarismus zu Grunde gelegt werden
könnte, so hätte er nur Sinn als der Ausdruck einer mit dem
modernen Staat unvereinbaren Einrichtung in ihrer Stellung neben
oder über dem Volksleben. Er gehörte mithin der Vergangenheit
an, nämlich jenen Perioden im Völkerleben, in welchen die Wehrmacht einen besonderen Soldatenstand bildete (einen Staat im Staate),
der nicht einmal immer auf der Grundlage der Nationalität fußte.
Theodor Mommsen setzt in seiner römischen Geschichte die Merkmale
dieses Militarismus sehr anschaulich auseinander und das, was er
hier von den römischen Zuständen sagt, paßt im Allgemeinen auf
alle Zeiten und Völker, in welchen die Wehrmacht ein besonderer

Soldatenstand gewesen ist. Die Wehrmacht hat dann eine bestimmt greifbare Form, Gestalt und Wirkung gezeigt. Sie hat sich zu den Zeiten des Verfalls und der Verwilderung als Folge langer Kriege von den Sitten und Gebräuchen der Zeit entfernt und sich wenig an die allgemeinen Landesgesetze gekehrt, sie schaffte sich ihre besonderen Lebensbedingungen und vertrat mehr egoistische Interessen als diejenigen des Staates, des Volkes. Sie war eben nicht aus dem Volke herausgewachsen und ein gewisser Gegensatz der beiderseitigen Interessen entstand um so mehr, als ihr beiderseitiges Verhältniß nicht hinreichend geregelt war. Dieser Charakter kam in der Art des Ersatzes, in der Dauer der Dienstzeit, in den Kapitulationen, in der Versorgung und Pensionirung der Militärpersonen, in dem Handgeld und der Löhnung, im Gerichtswesen und namentlich darin zum Ausdruck, daß der Auffassung gehuldigt wurde, es sei für den Staat und die Wirthschaftspolitik besser, Fremde zum Kriegsdienst heranzuziehen, als die eigenen Landeskinder. Das Dienen selbst war weder eine nationale Pflicht noch eine vaterländische Ehre, sondern beruhte gewissermaßen auf Gegenseitigkeitsverträgen. Volkswesen und Heerwesen standen deshalb in geringen oder gar keinen Beziehungen zueinander. Aber, obgleich in allen diesen Erscheinungen zusammen ein bestimmter begrifflicher Inhalt liegt, war das Wort Militarismus unbekannt. Auf die Landsknechte und die Söldnerheere früherer Zeiten hätte es also in historischem Sinne mit einem gewissen Recht angewendet werden können, allein seitdem sich die Grundlagen für die Staatswehr vollständig verändert haben, seitdem das Heer aus dem Volke hervorgeht und wieder in dasselbe zurückkehrt, und alle Stände an dem Prozeß betheiligt sind, der durch Landesgesetze geregelt ist, kann die Armee nicht mehr im gegensätzlichen Sinne zum Volke aufgefaßt werden, kann man allem, was zur Lebensfähigkeit dieser Armee gehört, keine feindliche Bedeutung zum Volkswesen und gar zur Kultur und Zivilisation durch das Wort Militarismus unterlegen.

Was aber bekämpft denn nun die Sozialdemokratie in Wirklichkeit an der Volkswehr? Die Stärke der Armee und das Verhältniß ihrer Zahl zur Bevölkerung; oder die Kosten für ihren Unterhalt; oder ihre Bestimmung als Stütze des Staates und als ultima ratio des Staatsoberhauptes; oder ihr Verhältniß zum Staatsoberhaupt; oder ihre Gesinnung und ihren Einfluß auf das

Volksleben, oder ihre Hierarchie und die Gesetze ihres Ersatzes und
Bestehens? Es wird nicht schwer halten, darauf Antwort zu ertheilen und
es wird sich dabei ergeben, daß sie die sogenannten materiellen und
kulturfeindlichen Lasten nur als Vorwand nimmt, während die
politische und moralische Macht der Armee die wahren Ziele ihrer
Angriffe sind.

Aus verschiedenen öffentlichen Kundgebungen ist genügsam be=
kannt, daß die Sozialdemokratie an der Zahlenstärke der Armee
keinen Anstoß nimmt, denn diese will sie bedeutend steigern. Die
von ihr beabsichtigte Erhöhung der Zahl der Armee müßte die
Kosten bedeutend vermehren, also kann die Sozialdemokratie auch
aus diesem Grunde den Militarismus nicht bekämpfen. Im Wege
steht der Sozialdemokratie aber die Armee wieder als Exekutivmittel
der modernen Staatsgewalt und als Träger aller der moralischen
und politischen Grundsätze, welche die Sozialdemokratie umstoßen
will, als Mittel der Erziehung im Geiste dieser Grundsätze. Sie
will keine Armee unter dem Befehle des heutigen Staatsoberhauptes,
weil das in ihren Augen Polizeigewalt ist. Sie will eine sozial=
demokratische Armee, in einem sozialdemokratischen Staate, an die
Stelle des Staatsoberhauptes soll ein sozialdemokratisches Kollegium
treten, mit einer Armee seiner Gesinnung zu seiner Verfügung.
Ein vollständiges Aufgehen des ganzen Volkes in der Armee müßte
aber nothgedrungen eine Erstarkung des Militarismus herbeiführen.
Das Volk, in Gemäßheit des Programms der Sozialdemokratie
aller Ideale entkleidet und nur dem persönlichen Egoismus dienend,
würde die Sozialdemokratie freilich die Hauptsache noch zu beweisen
haben, nämlich die Lebensfähigkeit dieser „societas militans".
Wenn solche Gewaltverschiebungen bezweckt werden, dann
verlohnt es sich grobes Geschütz gegen den Militarismus des
modernen Staates zu gebrauchen. Kultur und Zivilisation sind
deshalb in Gefahr erklärt worden, vom Militarismus verschlungen
zu werden. Die ethische, moralische und politische Kraft unserer
Staatswehr war aber ein Theil der Ziele der Bemühungen Scharn=
horst's; es wird darüber später Einiges gesagt werden. Mit dieser
Staatswehr ist zuerst die Unabhängigkeit (Befreiung), dann die
Einheit des Vaterlandes errungen worden, allerdings ist die Wieder=
vereinigung Elsaß=Lothringens mit dem Deutschen Reiche eine „Ver=

schuldung des Militarismus" nach sozialdemokratischer Auffassung. In dem befreiten unabhängigen Vaterlande hat sich der Wohlstand zu einer Höhe erhoben, wie er vordem unbekannt war. Ein Rück= schritt liegt doch darin nicht. Wohlfahrt, Kultur und Zivilisation hängen unzertrennlich zusammen; die Fortschritte aber kommen der Volksgemeinschaft zu Statten. Ohne den Schutz der starken Staats= wehr wären wir auf keinem dieser Gebiete dahin gelangt, wo wir stehen. Handel und Industrie, Wissenschaften und Künste, öffent= liche Wohlfahrtseinrichtungen bezeugen auf Schritt und Tritt den Fortgang der Kultur und Zivilisation. Die Theilnahme des Volkes am Staatsleben (allgemeine Schulpflicht, allgemeine Wehrpflicht, allgemeines Wahlrecht) ist von jeher als das Ziel der Zivilisation angestrebt worden. Wir haben sie; die Staatswehr arbeitet auf dem Fundament der Volksschulen weiter, Bildung und Wohlhaben= heit sind allgemeiner und gleichmäßiger vertheilt, als zuvor. Wir haben ein militärisches (und bürgerliches) Versorgungswesen, für das früheren Zeiten der Begriff fehlte. Der Verkehr hat sich so entwickelt, daß bei jeder öffentlichen Frage damit gerechnet wird. Der verstorbene Feldmarschall Graf von Moltke erklärte in seiner bekannten letzten Rede über die Einheitszeit den Soldaten für den vornehmlichsten Reisenden. Das Talent findet zahlreichere Gebiete und Wege zur Entfaltung; Gesetze für die Pflege der Gesundheit der Menschen und die Kunst gesund zu leben, haben allgemeinere Verbreitung gefunden; die Staatswehr unterstützt und fördert alles, was mit der geistigen Bildung und physischen Gesundheit des Menschen zusammenhängt. Das Volk wohnt besser, nährt sich besser, kleidet sich besser; besitzt größere Kenntnisse, hat mehr Be= dürfnisse, welche zur Befriedigung ein ganzes Heer von Gelehrten und Erfindern in Thätigkeit halten, kann da der Militarismus kultur= und zivilisationsfeindlich gewirkt haben? Wäre dann diese Entwickelung möglich gewesen? Und denken wir Deutsche uns z. B. mal den Krieg von 1870/71 fort, wie viele Anregungen wären der Kunst verloren gegangen?

Aber die fanatischen Feinde der modernen Staatswehr über= sehen in ihrem wilden Ansturme ihren Hauptfehler. So lange die Staatswehr — Militarismus — war, ein besonderer Soldatenstand, dessen ganzes Denken und Fühlen im Kriegsdienst eine Versorgung, ein Gewerbe, wie jedes andere sah, war auch der Krieg selber ihr

Erwerbszweig, und die Folge: Sucht des Erwerbs, Zügellosigkeit, Rohheit, Verwilderung, Plünderung und alles das, was als die Uebel des Kriegs geschildert wird, ohne daß sich der heutige Idealismus hätte entwickeln können, den Scharnhorst der modernen Staatswehr zugeführt hat. So lange die Staatswehr ein Soldatenstand war, hatte sie ein Interesse am Kriege: so lange die Söldner sich aus den niedrigsten Volksschichten ergänzten, dachten das Volk und die Regierungen nicht so ernst über den Krieg wie jetzt. Sanitäts- und Versorgungseinrichtungen, Gesetze für den internationalen Krankendienst konnten nicht entstehen, weil an ihnen Niemand ein rechtes Bedürfniß hatte. Die heutige Staatswehr mit ihrem kostbaren Menschenmaterial ist stets eine Mahnung und Warnung für die Regierungen und die Völker, ob ein Krieg geführt werden darf. Die allgemeine Wehrpflicht macht die Kriege seltener; wäre dies nicht der Fall, so erfreute die Zivilisation sich nicht eines 24jährigen Friedens. Ist das keine große zivilisatorische Errungenschaft dessen, was die Feinde der Staatswehr Militarismus schelten!? Dieselben Feinde, welche im Kriege nur den „Massenmord" erblicken? Nein, alle Thatsachen sprechen gegen die Thesen der Sozialdemokratie, namentlich haben die Wohlfahrt, die Kultur und Zivilisation sich schwunghaft in Deutschland fortentwickelt, seitdem seine heutige Staatswehr begründet worden ist.

Es verlohnt sich nun, eine sozialdemokratische Stimme zu hören.

Am 15. März 1894 äußerte der Abgeordnete Liebknecht nach dem stenographischen Bericht im Deutschen Reichstage: „Wir haben nachzuweisen, daß das jetzige System nach keiner Richtung hin mehr zu rechtfertigen ist, daß es nicht nur den Anforderungen der Zivilisation widerspricht, sondern auch in militärischer Beziehung den Bedürfnissen der Vertheidigung gegen die zwei Großmächte, denen wir zwei Fronten zu zeigen haben, vom Standpunkt des Militarismus aus nicht gewachsen ist, und daß es sich unter solchen Umständen als gebieterische Nothwendigkeit ergiebt, endlich einmal den Scharnhorst'schen Gedanken durchzuführen und in Wirklichkeit das Volk in Waffen zu begründen. Die allgemeine Volksbewaffnung allein kann uns absolute Sicherheit gegen jeden Angriff, sie allein kann uns den Frieden geben, und dabei werden durch dieses Milizsystem die Völker so entlastet. daß die Ausgaben für das Wehrwesen, so lange solches überhaupt

Wehrgedanken des Abgeordneten Liebknecht.

noch nothwendig ist, erschwungen werden können" .... „Jüngst ist von unseren Freunden in Frankreich ein Gesetzesvorschlag zur Lösung der Militärvorlage gemacht worden" .... „In diesem Ge= setzentwurf wird der französischen Kammer ein in's Einzelne aus= gearbeiteter Plan vorgelegt, wie allmählich, ohne daß das Land auch nur einen Moment weniger wehrhaft ist als jetzt, das stehende Heer in ein Milizheer umzuwandeln, und die allgemeine Volks= bewaffnung vollständig durch= und einzuführen ist" .... „Bei dieser Gelegenheit will ich für die Herren, die immer von chauvinistischen Regungen in Frankreich reden, bemerken, daß nach meinen Infor= mationen, die so gut sind wie die irgend eines, weil sie in alle Kreise der Bevölkerung hineinreichen, die Abneigung gegen den Mili= tarismus, das Bestreben, mit dem Militarismus zu brechen, dort mindestens so lebhaft ist wie in Deutschland" .... „Daß der Ueber= gang zum Milizsystem eine Bürgschaft des Friedens ist, wird mir jeder zugeben, ein Milizheer wird sich — seiner Natur nach — niemals zu einem Angriffskrieg gebrauchen lassen" .... „um aber nach außen hin und hier im Hause keinen Zweifel bestehen zu lassen, haben wir beschlossen, bei der dritten Lesung des Etats anzukün= digen, daß wir gleich in den ersten Tagen der nächsten Session einen Antrag einbringen werden, der dem Gedanken der Umwan= delung des stehenden Heeres in ein Milizheer greifbare Gestalt giebt" .... „Ich habe hiermit meine Pflicht und meinen Auftrag erfüllt und habe keine Lust, auf die Frage tiefer einzugehen. Doch ich dächte, darüber müssen wir uns klar geworden sein, daß der Militarismus mehr und mehr kulturwidrig geworden ist" .... „Auch im Laufe dieser Etatsberathungen haben wir wieder viel von Soldatenmißhandlungen gehört. Es giebt Niemand, der mehr als ich von der guten Absicht unserer Offiziere und der oberen Leiter der Armee, derartigen Schändlichkeiten zu steuern, überzeugt wäre. Aber wenn alle Offiziere Engel wären, so würden sie nicht im Stande sein, bei dem heutigen System des Militarismus, diesen Soldatenmißhandlungen ein Ziel zu setzen. Es ist einfach unmög= lich. Diese Barbareien liegen gerade so im System des Militarismus" .... „Wir machen uns in Bezug auf unser Vorgehen gegen den Militarismus keine Illusionen; wir wissen, daß die bürgerliche, die kapitalistische Gesellschaft im Militarismus ihre letzte Stütze sieht, und daß sie ihn vertheidigen wird, bis zum letzten Moment. Aber wir wissen auch, daß der Militarismus uns eine ausgezeichnete Waffe giebt, weil an ihm die Gemeinschädlichkeit und Kulturwidrigkeit der heutigen Gesellschaftsordnung der Masse des Volkes am klarsten dargestellt und fühlbar gemacht werden kann."

Man ersieht aus diesen Worten, daß ich nicht zu viel gesagt habe, es könnte noch hinzugefügt werden, daß der Redner nichts von der gesetzlichen Prügelstrafe erwähnt, welche in Ländern wie England und Belgien, besteht, deren Armeen doch nicht unter die abfällige Bezeichnung dessen fallen, was er unter Militarismus versteht.

Man wird mit den historischen Kenntnissen des Herrn Lieb-knecht auch nicht strenge in's Gericht gehen, weil er behauptet, ein Milizheer ließe sich zu keinem Angriffskrieg gebrauchen. Er weiß offenbar nicht, daß die römische Republik mit Milizen ihre Er-oberungskriege geführt hat; daß Washington mit Milizen die vater-ländische Erde von englischen Söldnern befreite; daß Cromwell Milizen befehligte; daß die Armeen der Union Milizen waren, die Armeen Gambetta's aus einer Vermengung der Miliz mit Ueber-bleibseln des stehenden Heeres bestanden. Alle haben Angriffskriege geführt! Weshalb das Ziel bald erreicht, bald nicht erreicht wurde, würde zu einer weitläufigen Untersuchung über die Kriegskunst führen. Damit habe ich mich hier nicht zu befassen. Die Vor-gänge der 60er Jahre in Nordamerika lehren aber, daß der Krieg nur deshalb so lange währte und so viel Menschen und Gut verschlang, weil die Union sich auf eine Miliz angewiesen sah, aus der durch die Dauer des Krieges eine Armee mit alten Soldaten wurde. Dann vermochte die Union aber auch erst den Vortheil auf ihre Seite zu bringen. Die Heere Gambetta's erreichten die Befreiung des Vaterlandes dagegen nicht, obgleich ihnen Hingabe und Opfermuth nicht abgesprochen werden können und der Krieg sich bedeutend in die Länge zog.

Ferner ist es dem Abgeordneten Liebknecht auch entgangen, daß die Regierung der Schweizer Eidgenossenschaft sich genau so veranlaßt sah, gegen Mißhandlungen einzuschreiten, wie es durch Verordnungen bei uns geschehen ist. Nun schwebt aber sowohl Bebel wie Liebknecht die Miliz der Schweiz als Muster vor. Wie können da „diese Barbareien gerade so im System des Militarismus liegen"? In einem Schreiben des eidgenössischen Militärdeparte-

ments an bie Waffen- unb Abtheilungschefs vom 5. Februar 1892
heißt es: „Es sind in den letzten Jahren wieder eine Anzahl
Klagen laut geworden über rohe Behandlung der Truppen durch
Instruktoren, sowie durch Truppenoffiziere und Unteroffiziere." Da
der Zweck des Schreibens nicht erreicht wurde, so folgte ihm am
4. Februar 1893 ein „Dienstbefehl", in dem es den Vorgesetzten
zur Pflicht gemacht wird, „sich jeder unwürdigen Behandlung der
Untergebenen strenge zu enthalten". In einer Broschüre: „Freie
Bürger oder Militärsklaven" heißt es: „Geschlagen wird der Rekrut
bei uns öfter; geschlagen, gestoßen, gezerrt wird fast den ganzen
Tag: etwas schreckhaft Häufiges und Empörendes sind die Fuß=
tritte u. s. w." Ich stelle diese Auslassungen auf dieselbe Stufe
wie die ähnlichen der Abgeordneten Bebel, Kuhnert und Liebknecht,
aber ihnen müßte es doch zu denken geben, daß über die ihnen
vorschwebende Mustermiliz der Schweiz das Schlagwort: „Freie
Bürger oder Militärsklaven" entstehen konnte!

Auch gegen den Strafprozeß werden in der Mustermiliz
der Schweiz genau dieselben Redewendungen von den Feinden der
militärischen Ordnung vorgebracht, wie sonst von den Feinden der
stehenden Armeen. In der oben erwähnten Schrift heißt es in
dieser Beziehung: „Gern wären wir, wie es sich geziemt, mit unserem
Namen vorgerückt; der Umstand aber, daß im Militär jede unpar=
teiische Untersuchung, jede gerechte Beurtheilung unmöglich ist, daß
da nur immer dem fehlbaren Chef alles möglichst vertuscht oder
doch ganz milde angerechnet wird, dem Klage führenden Gemeinen
aber furchtbare Rache droht" u. s. w. Und an anderer Stelle:
„Wir riethen ihm (einem angeblich auf dem Kopf blutig geschlagenen
Rekruten) zu klagen; er wollte aber nicht, denn, sagte er, nachher
werde ich um so mehr kujonirt." „Reklamirt einer, so erhält er
als Antwort Arrest" u. s. w. Das ist doch genau die Sprache
unserer sozialdemokratischen „Reformer", die unserem Heere die
Miliz der Schweiz als Muster vorhalten.

Andererseits vertritt die Schweizer Regierung hinsichtlich der
Disziplin genau den Standpunkt der stehenden Armeen. Denn
es heißt in dem Rundschreiben vom 5. Februar 1892: „Die mili=
tärische Erziehung ist darauf zu richten, daß der Soldat die Noth=
wendigkeit der widerspruchslosen Unterordnung unter seine Vor=
gesetzten .... anerkenne; selbstverständlich schließt angemessene Be=

handlung des Soldaten unerläßliche, aber auf Ueberlegung und Gerechtigkeit beruhende Strenge gegen renitente Elemente keines= wegs aus."

Zuletzt dürfte ein kurzer Hinweis am Platze sein, daß gerade die Scharnhorst'sche Heeresreform mit der Möglichkeit eines Krieges nach zwei Fronten rechnet. In der „Darstellung der Grundsätze der alten und gegenwärtigen preußischen Kriegsverfassung" vom Jahre 1817 durch Boyen steht unter 4. Landwehr folgender Satz: „Der preußische Staat kann, das dürfen wir uns nicht verhehlen, nach seinen geographischen Verhältnissen wohl in die Lage kommen, einen doppelten Krieg führen, seine Kriegsrüstung rechts und links der Elbe theilen zu müssen." Clausewitz giebt diesem Gedanken noch bestimmteren Ausdruck in seiner Abhandlung vom Jahre 1819 „Unsere Kriegsverfassung". Denn sie schließt mit den Worten: „Preußen hat das Bedürfniß, sein ganzes Volk zu bewaffnen, damit es den beiden Kolossen widerstehen könne, die es von Osten und Westen her stets bedrohen werden."*)

Boyen und Clausewitz waren aber in die Ideen Scharnhorst's vollständig eingeweiht, und da diese Lage sich nicht verändert hat, sie andererseits den Scharnhorst'schen Reformen zu Grunde lag, so kann die Sozialdemokratie damit kein Motiv für ihre Pläne geltend machen.

Der Gegenstand wird hiermit verlassen, um mich dem „Scharn= horst'schen Gedanken," auf welchen Liebknecht sich beruft, zuzuwenden.

II.

Der Scharnhorst'sche Gedanke.

Dem Schlagwort Militarismus, mit welchem die Opposition Die Nationa= lisirung der Armee. die Verfassung, den Charakter und den Einfluß des heutigen Heer= wesens auf das Volksleben unzugestandener Weise befehdet, ist in den letzten Jahren ein anderes beigesellt oder besser entgegengestellt worden, nämlich der „Scharnhorst'sche Gedanke".

---

*) Zeitschrift für Kunst, Wissenschaft und Geschichte des Kriegs, 1868, Band 104, Seite 67.

Der Militarismus und der „Scharnhorst'sche Gedanke" müssen, wie ja auch die mitgetheilten Ausführungen des Abgeordneten Liebknecht erkennen lassen, in der Auffassung der Opposition vollständige Gegensätze sein, nämlich der erste der Inbegriff der sozialen Uebel, der letztere die Befreiung und Erlösung von ihnen. Die Form, in der die Bekenner des „Scharnhorst'schen Gedankens" ihre Kulturmission vollziehen wollen, ist die Miliz.

Es wird sich deshalb zunächst darum handeln, festzustellen, was denn eigentlich der „Scharnhorst'sche Gedanke" ist, und dann ob die Opposition darin wirklich die Argumente für die Befreiung der Welt vom Joche des Militarismus finden kann, deren sie bedarf, oder ob sich hier nicht dieselbe Erscheinung wie bei dem Schlagwort Militarismus wiederholt, d. h. daß Unwissende Unwissenden gegenüber die parlamentarische Freiheit des Wortes mißbrauchen.

Der „Scharnhorst'sche Gedanke" war an sich, so hoch der Reformator gestellt werden muß, nichts Neues; neu daran war die großartige, nach Ursachen und Wirkung erschöpfende Postulirung der Wehrpflicht, die weitumfassende Einheitlichkeit des Gedankens, namentlich die Schaffung einer starken Reserve, deren jedes damalige Heerwesen im Scharnhorst'schen Sinne entbehrte; neu und besonders ohne Vorgang in Bezug auf die auf seine Unterbrückung abzielenden Maßnahmen Napoleon's waren die Mittel und Wege, wie Scharnhorst trotzdem sein Ziel zu erreichen wußte, d. h. die Anwendung auf die Wehrverfassung des damaligen ständischen Staates Preußen unter den obwaltenden schwierigen Verhältnissen politischer, sozialer, administrativer und militärischer Natur. Dieser Gedanke bezweckte eine vollständige Umwälzung auf allen öffentlichen Gebieten, er war also zunächst im vollsten Sinne politisch, insofern als Scharnhorst aus dem ständischen und nicht mehr deutschen Staate Preußen einen nationalen deutschen Staat gestalten wollte; naturgemäß mußten Geist, Verfassung und Form des Staatswesens diesen Ideen entsprechen. Sie alle zu erörtern, würde viel zu weit führen, ich beschränke mich deshalb lediglich auf die Reform der Wehrverfassung, welche die Opposition ja auch als den Kern des „Scharnhorst'schen Gedankens" betrachtet, obwohl er erst im Zusammenhange mit den übrigen Reformen des Staates verständlich werden kann.

Der „Scharnhorst'sche Gedanke" wurde übrigens von vielen Männern getheilt, welche in der Geschichte unter dem Namen „der Re-

formpartei" vorkommen. In seiner Uebertragung auf das Staatswesen waren diese Männer mehr oder weniger thätig, sodaß der
„Scharnhorst'sche Gedanke" als ein Kompromiß erscheint, dessen Haupt-
grundsätze aber von Scharnhorst in ihrer umfassenden und viel ver-
ästeten Gestaltung zuerst aus den Gesichtskreisen akademischer Erörterungen in das politische Leben übergeführt wurden. Die Grundsätze für seine Ideen hatte Scharnhorst aus seiner tiefen Kenntniß
der Geschichte gewonnen. Die Maßnahmen und Erfolge des Wohlfahrtsausschusses bestärkten ihn in der Richtigkeit seiner Auffassung;
seine großen Fehler erkennend, war er von vorn herein bestrebt, aus
ihnen Nutzen zu ziehen. Aber die gesetzmäßige Einführung der
Reformen in das Staatsleben hat Scharnhorst bekanntlich nicht
erlebt, vielmehr blieb die ganze materielle Seite seiner Reformen an
die Dauer des Krieges gebunden; sie war also faktisch zunächst im
modernen Sinne zu sprechen nur ein Ausnahmegesetz ad hoc, nämlich zur Befreiung des Vaterlandes von der Fremdherrschaft, womit
natürlich nicht bestritten werden kann, daß Scharnhorst, wenn er
die glückliche Beendigung des Krieges erlebt hätte, gewiß eher eine
gesetzmäßige Regelung des Ausnahmezustands erzielt hätte, als irgend
einer seiner begabten Jünger.

Preußen war bis zur Katastrophe des Jahres 1806/7 ein Die Aus-
ständischer Staat mit den ihm entsprechenden politischen, admini- länder und die Exemtionen.
strativen und militärischen Einrichtungen der Zeit. Seine Armee
ergänzte sich nach dem Kantonsystem, jedoch unter Hinzunahme
von „Ausländern", und unter vielen „Exemtionen", demgemäß
waren auch die Disziplin und das Strafverfahren sehr streng.
Das System wurde von fernblickenden Männern, z. B. von Boyen,
bereits vor 1806 als reformbedürftig anerkannt, namentlich weil
die „Exemtionen" der Armee alle besseren Kreise des Volkes vor-
enthielten, wofür das vaterlandslose Gesindel der „Ausländer" gewiß kein zeitgemäßer Ersatz mehr sein konnte, nachdem man gesehen,
welche Erfolge die Freilegung und Verwerthung aller nationalen
Kräfte in Frankreich gezeitigt hatte.

So hatte auch Scharnhorst schon vor 1806 sein Augenmerk
auf die Beseitigung dieser beiden Hauptübel gerichtet und in der
Anlehnung an den Geist der Miliz — ohne sich von ihren viel-
artigen Formen unter den drückenden Zeitverhältnissen für eine bestimmte zu entschließen — das Mittel erkannt, die Armee aus

2*

dem Söldnerthum in eine vaterländische Staatswehr hinüber=
zuführen. Der Geist der Miliz war die Allgemeinheit der
Wehrpflicht: sie zur Grundlage der Wehrverfassung zu machen,
das vornehmste politische und militärische Ziel Scharnhorst's.
Die allgemeine Wehrpflicht mußte aber auch nothgedrungen zu einer
nationalen Staatswehr führen und dem Staate die Summe der
idealen, moralischen und materiellen Kräfte des Volkes zur Ver=
fügung stellen. Da die Sozialdemokratie die Nationalität der Armee
verneint, und wie ·sich zeigt, die Scharnhorst'schen Ideale nicht
anerkennt, so befindet sie sich bereits hier mit dem „Scharnhorst'schen
Gedanken" in einem unüberbrückbaren Widerspruch.

Friedrich Wilhelm III. war nicht ohne Verständniß für die
Idee. Die von ihm für die Reorganisationskommission entworfene
Vorlage von 1807 besagte z. B., daß „ein etatsmäßiger Ausländer=
stamm nebst den Werbegeldern wohl auf jeden Fall aufhören, die
Zahl der Exemtionen vermindert und die militärischen Strafen
zwar ebenso strenge, aber weniger diffarmirend angewendet werden
müßten."

Scharnhorst wollte zwar viel mehr, allein die Königlichen
Gesichtspunkte konnten ihn doch nur in der Aufdeckung seiner
Ideen bestärken.

Stehende
Armee und
Miliz. Jeder Fortschritt in der Entwickelung der stehenden Heere ist
daburch bewirkt worden, daß Attribute des Lehnsaufgebots oder
der Miliz auf sie übertragen wurden. Das damalige preußische
Offizierkorps kam dem Ideal nahe, welches dem Schöpfer des Lehns=
wesens vorgeschwebt hatte, der Gedanke, einen Theil der Mannschaft
zu beurlauben, wie es ebenfalls in Preußen üblich, war wieder
entschieden milizartigen Ursprungs.

Die allgemeine Dienstpflicht und die damit zusammenhängende
Forderung der Nationalität, sowie die zeitliche Begrenzung der
Pflichtigkeit waren allen Milizsystemen eigen, wenngleich in ver=
schiedenen Abmessungen je nach der Gesetzgebung. Ihre Vermäh=
lung mit dem vorzüglichen preußischen Offizierkorps ließ dankbare
Ergebnisse erwarten, namentlich in einer Zeit, da das Volk durch
die Noth der Fremdherrschaft zu jedem Opfer bereit war. Scharn=
horst's Idee bestand darin, die guten Seiten der Miliz mit den
guten Seiten des Lehnsheeres zu verschweißen und daburch ein der
Zeit entsprechendes und durch die Gesetzgebung geregeltes stehendes

Heer zu schaffen, besser als alle anderen, welche bisher in der Ge=
schichte vorgekommen waren.

Dies und nichts anderes ist der sogenannte „Scharn=
horst'sche Gedanke".

Scharnhorst hat aber weder für die allgemeine Wehrpflicht
ein maßgebendes prozentuales Verhältniß zwischen Heer
und Volk, noch das Maß der gelblichen Aufwendung des
Staates für seine Wehr festgesetzt. Soweit ist er nicht gekommen,
weil diese „parlamentarischen" Haushaltsexempel nicht in der Zeit
und auch nicht in seiner Aufgabe liegen konnten, die zunächst auf
die Befreiung des Vaterlandes abzielte, um alsdann an die end=
gültige gesetzliche Ordnung im neuen Hausstande Hand zu legen.
Scharnhorst hat auch keine absolute Mindest=Dienstzeit errechnet
und festgesetzt, welche für das aus seiner Idee entsprossene stehende
Heer nöthig wäre, weil seine Wehr zunächst nur als Feldheer für
einen bestimmten Fall unter bestimmten Verhältnissen in Frage
kam. Aber er hat die damaligen Begriffe über die Nothwendigkeit
einer 20jährigen Dienstzeit umgestoßen und sie bedeutend herabgesetzt.

Der fernblickende Scharnhorst übersah außerdem die Aufgabe
der bewaffneten nationalen Macht im Frieden in ihrer Wirkung
auf die moralische und physische Gesundheit des Volkes, und das
Verhältniß des Volkes zum Heer, sowie beider zum Staatsoberhaupt.
Das Heer mußte logischerweise im Frieden den Charakter einer
Schule zu einer mannhaften, nationalen und patriotischen Erziehung
der Männerwelt annehmen, welche zugleich die beste Gewähr für
die Integrität des Vaterlandes bot. Namentlich stellte er hohe
Hoffnungen auf den Patriotismus des Volkes, die Unbeugsamkeit
des Willens, Opfermuth und alle moralischen Kräfte. Eine be=
stimmte Organisation für diese Gesammtaufgabe hat Scharnhorst
nicht hinterlassen, wohl aber die Idee für ihre Ausführung. Zu=
nächst forderte er, daß kein Opfer, welcher Art es immer sei, zu
groß wäre, um die Schmach des Vaterlandes zu rächen, und Nie=
mand zu hoch stehe, um sich von dieser Aufgabe auszuschließen.

Im Anfange seiner Thätigkeit in der Reorganisationskommission
war Scharnhorst z. B., obwohl er das Postulat von den so=
genannten „alten Soldaten"*) längst überwunden hatte, nur für

---

*) Nur für Laien bemerke ich, daß darunter Mannschaften mit 20 jäh=
riger Dienstzeit und sogar mehr zu verstehen sind.

eine Herabsetzung der Dienstzeit auf 6 Jahre, später kam er unter
den mehr und mehr drängenden Verhältnissen auf 4 und 3 Jahre
und in der höchsten Noth hielt er 22 Monate für eine feld=
mäßige Ausbildung unter den vorliegenden Umständen für aus=
reichend, d. h. also unter Vermischung mit Soldaten mit längerer,
zum Theil sehr langer Dienstzeit und in festen, tüchtigen Kadres.
Allein Erfahrungen, durch die diese Frage für eine spätere gesetz=
liche Unterlage der Dienstpflicht unter der Fahne hätte gelöst
werden können, gestattete ihm die Zeit nicht zu machen. Die Dienst=
zeit unter der Fahne ist auch offen geblieben, kann übrigens über=
haupt nicht für immer festgelegt werden. Sicher ist aber, daß
Scharnhorst sich weder nur mit einer Miliz noch nur mit einem
stehenden Heere begnügen wollte, sondern daß er von Anfang an
ein stehendes Heer und eine Miliz forderte, letztere zunächst im
Geiste einer Reserve des ersteren.

Da die Sozialdemokratie behauptet, Scharnhorst sei ein Gegner
der stehenden Heere gewesen, so muß daran erinnert werden, daß
gerade Scharnhorst es war, welcher bereits vor dem Anfang seiner
Reform energisch und überzeugend für sie eingetreten ist. Veran=
lassung dazu war der damals bereits 100 Jahre währende Streit
gegen die stehenden Heere. „Wir glauben,“ schrieb Mauvillon, „daß
das Volk, welches eine theure Armee entbehren kann, seinen Zustand
glücklicher finden muß, wenn es bedenkt, wie viel sie dem mensch=
lichen Geschlechte, den Rechten der Menschheit und den Entwicke=
lungen ihres physischen und intellektuellen Vermögens koste.“ Ganz
wie die heutige Sozialdemokratie. Darauf antwortete Scharnhorst:
„Hat die Vorsehung unmittelbar den Menschen eine neuere Ein=
richtung eingegeben, so ist es die Disziplin der stehenden Armeen.
Durch sie allein ist ihr Werk gegen eine sonst unvermeidliche Zer=
störung gesichert und der Mensch, der diese geheiligte Einrichtung
verdächtig zu machen suchte, wußte nicht, was er that, oder verdient
nicht den Namen des Menschen.“*)

Scharnhorst führt aber auch die Bedeutung des stehenden
Heeres in diesem Streite als Staatswehr und Erziehungsanstalt
für das Volk näher aus, jedoch wird der Gegenstand hiermit ver=
lassen, weil diese Stelle allein hinreicht, um zu beweisen, daß die

---

*) Näheres, Max Lehmann, Scharnhorst I, 54 u. f.

Sozialdemokratie auch in diesem Punkte von dem „Scharnhorst'schen Gedanken" durch eine unüberbrückbare Kluft getrennt ist. Kann sie doch auch eine „Vorsehung", eine „militärische Disziplin" und eine „Heiligkeit" in ihrem Programm nicht gebrauchen!

In historischer und politischer Beziehung soll in dieser Frage jedoch das Urtheil eines Mannes angerufen werden, der einer der Jünger Scharnhorst's war und von der Geschichte als Vollstrecker des „Scharnhorst'schen Gedankens" ausersehen wurde, nämlich Boyen. Ein Professor hatte 1833 die Scharnhorst'schen Anschauungen kritisirt. Darauf schrieb Boyen: „Es ist eine sonderbare Verschiedenheit, daß, während die Biographie Scharnhorst selbst die Idee zu einer Landwehr als Volksbewaffnung abzusprechen scheint, wiederum ein großer Theil seiner Kriegsgefährten ihn für einen Gegner der stehenden Heere, für einen Beförderer der Volksbewaffnungen hielt. Die Schriften Scharnhorst's, wenn man sie mit Aufmerksamkeit liest, werden wohl am sichersten seinen Militärcharakter bezeichnen und so die streitige Frage entscheiden. . . . Scharnhorst hielt nicht allein eine gänzliche Umbildung in der Organisation der stehenden Heere, in ihrer Behandlung durchaus nothwendig, sondern er glaubte auch, daß die Taktik aller Waffen nach dem neueren Kriegsbedürfniß und den Sitten jedes Volkes völlig umgearbeitet werden müßte; er hielt alles Haschen nach einem äußeren Schein und Effekt bei Ausführung der Evolutionen, der nur auf dem Exerzirplatze zu erhalten möglich ist, für höchst verderblich für den Krieg und also auch für die Heere; er erblickte in dem mechanischen täglichen Wiederholen einer Reihe von Evolutionen den Grund, wodurch sowohl bei den Soldaten als auch besonders bei den Offizieren nur die Fähigkeit des einseitigen Nachahmens geweckt, dagegen aber die ihnen durchaus nothwendige Kunst der schnellen Beurtheilung und selbständigen Behandlung jeder Kriegserscheinung unterdrückt würde, und glaubte in diesem mechanischen Treiben eine Hauptursache zu finden, weshalb die Musterbilder der Exerzirplätze zuweilen von weit weniger kunstgerechten Schaaren geschlagen wurden. In allen diesen Dingen war Scharnhorst wirklich als ein Gegner der gewöhnlichen Beschäftigung in den stehenden Heeren anzusehen, dagegen aber hielt er: den Ordnungssinn, den Gehorsam, das Ehrgefühl und den militärischen Geist, der sich bei richtiger Behandlung in den stehenden Heeren erzeugen läßt, sehr hoch und glaubte sogar, daß, je weicher

die Sitten der Nation werden, die Staaten desto mehr be=
sonderer Kriegsanstalten bedürften, in denen ebenso die
Kriegswissenschaft fortschreitend praktisch ausgebildet, als
auch kriegerische Formen und Gesinnungen zur Selb=
ständigkeit der Staaten und Völker erhalten würden, und
in dieser Hinsicht trennte er sich allerdings wieder von denen, die
mit dem einzigen Worte ‚Volksaufgebot‘ alle politisch=militärischen
Aufgaben eines europäischen Kontinentalstaates zu lösen glaubten,
da im Gegensatz von diesen, der General ein nach den Kräften
und der Lage jedes Landes richtig abgemessenes, zeitgemäß
gebildetes Heer als den nothwendigen Kern jeder Landes=
bewaffnung hielt.“*)

Erste Wirk=
samkeit der
Militär=
Reorgani=
sations=
Kommission.

Am 25. Juli 1807 trat die „Militär=Reorganisations=Kom=
mission“ unter dem Vorsitz Scharnhorst’s in’s Leben. Ihr gehörten
außerdem an: General v. Massenbach, die Oberstlieutenants Graf
Lottum, v. Bronikowski und v. Gneisenau, sowie Major v. Grolman.
Im Laufe des Jahres traten hinzu: die Oberstlieutenants Graf
Goetzen und v. Borstell, zu Anfang 1808 Major v. Boyen, während
jetzt Bronikowski und Borstell ausschieden. Schon am 31. Juli 1807
überreichte Scharnhorst dem Könige das von ihm verfaßte „Me=
moire über Landesvertheidigung und Errichtung einer
Nationalmiliz“.

In der Einleitung heißt es:

„In der jetzigen Lage des preußischen Staates kann das
Militär zu zwei Zwecken dienen:

1. Um den Feind, der das Land anfällt, eine gewisse Zeit in
   Verbindung mit Flüssen und Festungen aufzuhalten, damit
   Hülfe von anderen großen Mächten ankommt, oder damit
   durch Unterhandlungen und Verwendung von Andern der
   Feind aufgehalten wird, seinen Angriff fortzusetzen;

2. um nicht durch eine kleine Armee, sie sei von einem großen
   Staat oder von einem mittleren abgeschickt, dem Feind in
   die Hände zu fallen und den Monarchen und die Nation
   affrontirt zu sehen.

Beide Zwecke erfordern, daß man sich so einrichte, daß man

---

*) Boyen, Beiträge zur Kenntniß des Generals v. Scharnhorst und
seiner amtlichen Thätigkeit in den Jahren 1808—1813, S. 26 27.

defensiv eine Masse von Streitkräften einige Zeit aufzuhalten im Stande sei. Diese können

1. in besetzten Festungen;
2. in zur Vertheidigung des Landes bereit gehaltenen Truppen bestehen.

Beide können nur nach den Kräften des Landes und seinem jetzigen Zustande bestimmt werden. Sie müssen überdies so einge= richtet sein, daß sie, wenn sie sich nachher mit der zu Hülfe kom= menden Macht vereinigen, so wenig als möglich kosten, und nicht das Land und den Staat erschöpfen."

Unter Abschnitt 2 „Die Armee" heißt es, nachdem die Fe= stungsbesatzungen von der Armeestärke in Abrechnung gebracht sind: „Die übrige Stärke der Armee hängt von den Kräften des Landes ab. Die Volksmenge von 5 Millionen würde hinlänglich zu einer Armee von 120—150000 Mann sein, wenn von 100 Seelen 2½ % dienten. Der Finanzzustand des Staates wird indeß nicht erlauben, die Armee vorerst so hoch zu bringen, als die Population es zuläßt; auch möchte die oben angeführte Bestimmung der Armee es nicht nothwendig machen; und eine Macht von 65000—70000 Mann wird zwischen beiden Erfordernissen, zwischen einer anstän= digen Ersparung und einer mäßigen Defensivkraft vielleicht ein schicklicher Mittelweg sein.

Die Miliz kann zu zwei Zwecken dienen:

1. Die Ruhe des Landes zu erhalten, die Polizei zu unter= stützen, das Land gegen die Plünderungen der Marodeure zu decken und feindliche Streifereien zu verhindern.
2. Das Land in Verbindung mit regelmäßigen Truppen zu vertheidigen.

Die Miliz wird

1. den ordinären Garnisondienst der stehenden Armee ver= ringern, und also den Truppen verstatten, mehr den Feld= dienst zu üben und gut schießen zu lernen;
2. wird dadurch, wenn in einer Provinz bei einem entfernten Kriege kein Militär wäre, die Ruhe in den großen Städten erhalten;
3. wird die Miliz, wenn günstige Umstände zur Vertheidi= gung des Landes eintreten sollten, ohne Aufsehen sehr bald vermehrt werden, und mit den stehenden Truppen dienen können.

Sie wird zur Vertheidigung der Flüsse, Straßen und im durch=
schnittenen Terrain, in Verbindung mit Linientruppen, ver=
wendet werden und bald den Dienst leichter Truppen leisten."
Also auch hier strenge Unterscheidung zwischen der Bestimmung
und Leistungsfähigkeit der stehenden Armee und der Miliz. Wo
sie aber zusammen auftreten sollten, ist von dem erfahrenen Taktiker
die Beimischung der Miliz zu Linientruppen zur Bedingung ge=
macht; oder mit anderen Worten das stehende Heer ist der Kern
der Staatswehr.

Einen Monat später trat Scharnhorst mit dem „Entwurf zur
Bildung einer Reserve=Armee" hervor. Der wieder von ihm ver=
faßte, dem Könige am 31. August 1807 von der Kommission über=
reichte „Vorläufige Entwurf der Verfassung einer Reserve=
Armee" sagt im grundlegenden

§ 1. „Alle Bewohner des Staats sind geborene Vertheidiger
desselben."

§ 2. „Alle streitbaren Männer des Staats, welche sich nicht
selbst bewaffnen, kleiden und in dem Gebrauch der Waffen auf
eigene Kosten üben können, werden auf Kosten des Staats gekleidet,
bewaffnet und geübt. Sie bilden die stehende Armee."

§ 3. „Alle streitbaren Männer zwischen 18 und 30 Jahren,
welche nicht in die Klasse § 2 gehören, bewaffnen, kleiden und üben
sich in Friedenszeiten auf ihre Kosten. Sie bilden die Reserve=
Armee."

§ 5. „Die Reserve=Armee ist nur zur inneren Ruhe und zur
Defension des Landes gegen einen angreifenden Feind bestimmt.
Sie verläßt nur dann ihre Provinz, wenn die Deckung der Mo=
narchie es erfordert."

Dieser „Vorläufige Entwurf" wurde später dem Könige aus=
führlicher unter dem Titel: „Vorläufiger Entwurf der Ver=
fassung der Provinzialtruppen" wieder vorgelegt.

Diese ersten amtlichen Arbeiten Scharnhorst's in dieser An=
gelegenheit lassen deutlich erkennen, daß Scharnhorst auf die Be=
zeichnung der von ihm beabsichtigten Wehrgruppen keinen Werth
legte. Er nennt das, was in seinem Sinne eine politische und
militärische Reserve des stehenden Heeres sein soll, bald National=
und Landesmiliz, bald Reserve=Armee, bald Provinzialtruppen. Aber
er will eine stehende Armee und eine Reserve=Armee, er unter=

scheibet scharf zwischen beiden hinsichtlich ihres Ersatzes, der Ausbildung und des Zweckes. Doch bei aller Liberalität spricht in dem
Gesetzgeber der Feldherr, denn die Miliz soll nicht an die Provinz
gebunden sein, sondern sie verlassen müssen, „wenn die Deckung der
Monarchie es erfordert". Hiermit mußte aber auch seine Miliz des
kommunalen Wesens im entscheidenden Punkte entkleidet werden
und eine Staatswehr wie die stehende Armee werden, welche
dahin marschirt, wo das Staatsoberhaupt es nach Lage der Dinge
für nöthig hält. Daß die stehende Armee im Uebrigen hiernach
eine Armee der Armen, die andere eine solche der „Besitzenden"
geworden wäre, ist einleuchtend, allein eine solche Trennung lag bei
der politischen und sozialen Verfassung des Staates durchaus im
Geiste der Zeit. Immerhin hätten die Sozialdemokraten auch um
deswegen keinen Grund, sich mit ihren Ideen auf Scharnhorst zu
berufen.

Die Pläne Scharnhorst's und der Reorganisations-Kommission Zeitgeist und Roth des Vaterlandes als Triebfedern der Reformausführung.
sind nur verständlich, wenn sie unter dem Gesichtspunkte des sich
bahnbrechenden Zeitgeistes und der Noth des Vaterlandes betrachtet
werden. Sie zielten daher auf einen ganz bestimmten Zweck ab.
Schon 1803 hatte Scharnhorst zur Rettung Hannovers den Landsturm aufbieten wollen, 1806 wollte er in Preußen zum Lebens-
gesetz der Miliz schlechthin die allgemeine Wehrpflicht machen, im
Frühjahr 1807 das ganze nordwestliche Deutschland zum Kampfe
wider Napoleon I. aufrufen. Gneisenau gab dem Gedanken mit den
Worten Ausdruck: „Wir sind dahin gekommen, zu begreifen, daß
es ein tiefes Versinken in Egoismus sei, wenn man die Waffen-
führung nicht für die ehrenvollste Beschäftigung zu jeder Zeit seines
Lebens hält, von der nur Körpergebrechlichkeit, Blödsinn oder das
Verbrechen ausschließen könne."

Das Einfachste wäre gewesen, die ganze waffenfähige Mannschaft in die Kadres des stehenden Heeres einzustellen, doch neben
anderen Bedenken galt das Heer bei den bisher exzimirten Ständen
als eine unerträgliche, nur auf Ungebildete und Taugenichtse be-
rechnete Zwangsanstalt. Es wäre ein Mißgriff gewesen, gleichzeitig
den Opfermuth der Gebildeten und Wohlhabenden anzurufen und
sie einem widerwillig geduldeten Zwange zu unterwerfen. Scharnhorst konnte deshalb zunächst nur das Ziel verfolgen, in der Nation
und der Regierung das Gefühl der Zusammengehörigkeit durch die

Wehr zu kräftigen und dafür eine den Anschauungen der Zeit zu=
sagende Uebergangsform zu finden.

So war also die soziale Gruppirung: stehendes Heer und
Reserve=Armee gedacht.

Die Reorganisations=Kommission spricht sich darüber deutlich
aus: „Es scheint bei der jetzigen Lage der Dinge darauf anzu=
kommen, daß die Nation mit der Regierung auf's Innigste vereinigt
werde, daß die Regierung gleichsam mit der Nation ein Bündniß
schließt, welches Zutrauen und Liebe zur Verfassung erzeugt und
ihr eine unabhängige Lage werth macht. Dieser Geist kann nicht
ohne einige Freiheit in der Herbeischaffung und Zubereitung der
Mittel zur Erhaltung der Selbständigkeit stattfinden. Wer diese
Gefühle nicht genießt, kann auf sie keinen Werth legen und sich
nicht für sie aufopfern. Eine Nationalmiliz kann, wenn sie sich
selbst erhält, bewaffnet, kleidet und übt, in jenem Geiste auftreten;
sie wird ihn aber nie bekommen, wenn sie vorher durch die stehende
Armee gehen muß, wenn ihre Selbständigkeit durch einen eingebil=
deten Druck gelähmt wird."

Wohlverstanden ist das stehende Heer von heute nicht mit
demjenigen der damaligen Zeit zu verwechseln, welches durch die
Vermählung mit dem Milizgeiste noch erst zur heutigen Erziehungs=
schule sich entwickeln sollte.

Bei der Besetzung der unteren Offizierstellen der Miliz sollte
den Wehrmännern eine entscheidende Mitwirkung gewährt werden,
doch war die Wahl an weitgehende Bedingungen gebunden. Zum
Offizier qualifizirte sich: „Wer auf Universitäten studirt hat, wer in
einer hohen Schule die oberen Klassen durchlaufen, wer einen be=
deutenden Zivilposten hat oder ein Geschäft treibt, welches einen
Mann von Bildung und Kenntnissen erfordert, wer in der stehenden
Armee als Offizier dient oder gedient hat." Da alle diese Kate=
gorien Bildung erheischten, diese aber damals besonders nur durch
Aufwendung reichlicher materieller Mittel erwerbbar war, so wahrte
Scharnhorst unter der demokratischen Form vollständig das aristo=
kratische Prinzip, wodurch er sich von den Jakobinern vornehm=
lich unterschied. Deshalb erscheint es auch durchaus konsequent,
daß „die Offiziere der Provinzial=Truppen und stehenden Armee
gleichen Rang und gleiche Vorrechte haben sollten". Die Miliz
sollte jährlich 4, anfänglich 8 Wochen unter Anleitung von Offi=

zieren des ſtehenden Heeres üben. Waren der Miliz aus dem ſte=
henden Heere nur die Altersklaſſen vom 19. bis 31. Lebensjahre
zuzuweiſen, ſo ſollte außerdem ein „allgemeines Aufgebot" an dieſe
Schranke nicht gebunden ſein.

Dies iſt die urſprüngliche in den Hauptumriſſen entwickelte
Form der organiſatoriſchen Durchführung des ſogenannten „Scharn=
horſt'ſchen Gedankens". Es wird ſich zeigen, wie ſie ſich im Laufe
der Zeit veränderte.

Am 15. März 1808 legte die Kommiſſion dem Könige den
umgearbeiteten „Vorläufigen Entwurf zur Verfaſſung der Provin=
zialtruppen" vor, doch iſt bekannt, daß Friedrich Wilhelm III. ihm
vorläufig hinſichtlich der „allgemeinen Wehrpflicht" keine Folge gab.

Von dieſer mehr materiellen und politiſchen Seite ſind die
moraliſche und nationale des „Scharnhorſt'ſchen Gedankens" nicht
zu trennen, welche durch die bekannten Königlichen Auguſterlaſſe
des Jahres 1808 geregelt wurden. Schon am 17. Dezember 1807
waren die etatsmäßigen Werbegelder für „Ausländer" aufgehoben
worden, wodurch der Uebergang zur nationalen Armee vorbereitet
wurde. Mit den Ausländern verſchwand aber auch das ſtärkſte
Hinderniß einer Reform der militäriſchen Strafen, doch hatten dieſer
eine ganze Anzahl preußiſcher Offiziere ſchon vorgewirkt: Behren=
horſt, Boyen, Gneiſenau, Rohr, Grolman u. ſ. w. Sie waren der
Ueberzeugung, daß „alle Geſetze durch die im Volke herrſchenden
Einſichten und Sitten gebildet würden. Sobald dieſe ſich verändern,
müſſe auch die Geſetzgebung Abänderungen erfahren, und weiſe
Regierungen würden dieſe zur rechten Zeit bewirken, damit nicht
der Drang der Begebenheiten das Verſäumte mit ſchmerzlichem Ver=
luſt fordere."*)

Unter dem 3. Auguſt 1808 waren die „neuen Kriegsartikel
für die Unteroffiziere und gemeinen Soldaten", die „Verordnung
wegen der Militärſtrafen" und die „über die Offizierſtrafen" er=
gangen, wobei die Offizierkorps das Recht erhielten, ſich als Ehren=
gerichte zu konſtituiren. Durch dieſe Verordnungen zuſammen drang
ein neuer Geiſt in die nationale Armee, ihre moraliſche Stellung
im Volke wurde mit einem Schlage bedeutend gehoben und das
Verhältniß zwiſchen Militär und Bürger verlor ſeine frühere Span=

Moraliſche und ideale Ziele der Reform.

---

*) Boyen, Volksfreund vom 27. Auguſt und 8. September 1808.

nung. Zwar mißglückte der namentlich von dem tief fühlenden Grolman vertretene Versuch, neben dem Straf- auch das Belohnungssystem zu reformiren, aber das Heer hatte aufgehört, ein Staat im Staate zu sein. So war, obwohl vorerst noch die Exemtionen bestehen blieben, doch der moralische und nationale Boden bereitet, welcher später alle Klassen des Volkes in die Armee einzufügen gestattete.

Neben diesen auf Dauer abzielenden moralischen Reformen für eine stehende Armee müssen die Maßnahmen der Noth berührt werden, welche für solange in's Auge gefaßt waren, als die schlechte Finanzlage und die geringe Selbständigkeit des Staates nicht erlaubten, bessere Wege zu betreten. Sie sind von Scharnhorst ausgegangen, bilden keine Grundsätze eines dauernden Systems, sondern sind Augenblicksschöpfungen, sogar Verlegenheitsgebilde, die aber insofern den allgemeinen Gedanken des Reformators entsprachen, als sie ein Hauptmittel waren, den „kriegerischen Geist der Nation zu beleben", worin die Reformer eine ihrer Hauptaufgaben erblickten, um die allgemeine Wehrpflicht vorbereiten zu helfen. Hierher gehört die Schöpfung der „Krümper", eine Folge des Kabinetsbefehls vom 6. August 1808, die ausschließlich Scharnhorst'schen Ursprungs ist. Sie bestand bekanntlich darin, daß Mannschaften entlassen und an ihrer Stelle Ersatz eingezogen wurde, welcher seinerseits nach einer gewissen Ausbildung wieder neuem Ersatz Platz machte. Bei den vollzähligen und tüchtigen Kadres und dem hochentflammten Vaterlandsgefühl lieferte der Nothbehelf dankenswerthe Ergebnisse. Die Mannschaften hatten eine Exerzirzeit von 4 Wochen abzuleisten, und erhielten im Volksmund die Bezeichnung „Monatssoldaten", während Scharnhorst sie besser „Kriegsaugmentation" nannte. Schaffte er dadurch doch auch eine Reserve in gewissem Sinne. Einzelne mit Krümpern augmentirte Bataillone kämpften schon bei Groß Görschen, hatten aber dann auch mehrere Monate bis zu einem Jahre unter der Fahne neben alten Mannschaften gestanden. Scharnhorst hat den militär Werth dieser Einrichtung geringer geschätzt, als den politi Seinem Entwurf auf Einführung der allgemeinen Wehrpflicht bekanntlich vom Könige noch keine Folge gegeben worde Exemtionen der Stände und Städte bestanden nach wie vor wurde die Krümpereinrichtung ein Mittel, mit *

Marginal note: Organisatorische Nothbehelfe. Krümper.

an die Schranken der Exemtionen vorgedrungen werden konnte, um die allgemeine Wehrpflicht thatsächlich bis dahin durchzuführen. Wollte man aber in der Einrichtung eine Schöpfung von Dauer erblicken, so wäre man berechtigt, denselben Gesichtspunkt Scharnhorst hinsichtlich anderer Maßnahmen der Noth zu substituiren, so z. B. der Stellung der Offiziere auf Halbsold und der Austheilung von Brodportionen an die solchergestalt darbenden Offiziere!

Auf der anderen Seite kann die Krümpereinrichtung nicht ohne die Maßnahmen zur Unterweisung der „Beurlaubten" zu berücksichtigen, beurtheilt werden. Die alten Beurlaubten waren nur in den Formen der herkömmlichen Taktik ausgebildet. Sie war von Grund aus geändert worden, Scharnhorst setzte es nun durch, daß die alten Beurlaubten durch regelmäßige Uebungen in der zeitgemäßen Taktik unterwiesen wurden. Da aber die Armuth des Staats nicht gestattete, die Beurlaubten zu den Regimentern einzuziehen, so wurden Ausbildungskommandos von den Regimentern in die Kantone entsandt (Kabinetsbefehl vom 25. Juli 1808 und Ausführungsinstruktion vom 12. August 1808). Die Beurlaubten erhielten keinen Sold. Die in die Kantone entsandten Offiziere hatten außerdem den Auftrag, Rekruten auszubilden. Derart erhielten die Krümper bereits eine elementare Ausbildung vor ihrer Einreihung in die Truppe, wodurch den Regimentern wieder in die Hände gearbeitet wurde. Von wem der letzte Theil dieser Maßnahmen herrührt, ist nicht festzustellen, die Instruktion ad hoc ist nicht von Scharnhorst, sondern von Gneisenau.

Die Pläne der Reformpartei erfuhren jedoch hinsichtlich der Organisation der neuen Armee durch die Konvention vom 8. September 1808 eine schwere Schädigung. Preußen verpflichtete sich darin bekanntlich, während der nächsten 10 Jahre nicht mehr als 42,000 Mann zu unterhalten, keine außerordentliche Miliz oder Bürgergarde aufzustellen. Die Reformer hatten je 32 Infanterie- und Kavallerie-Regimenter vorgesehen, die September-Konvention erlaubte nur 10 der ersten und 8 der zweiten Gattung zu je 4 Schwadronen. In dieser Beschränkung der Kadres lag offenbar das schwerste Hinderniß für die Vorbereitung auf den Befreiungskampf, namentlich wegen ihrer Verbindung mit dem Verbote einer Miliz.

Unter diesem neuen Druck kam Scharnhorst auf die Idee, die Ausbildung im stehenden Heere „auf etwa 22 Monate" herab-

(Randnoten:)
Unterweisung der „Beurlaubten".

Die Beschränkungen der Konvention vom 8. September 1808.

Gegenzüge Scharnhorst's

zusetzen, um besto schneller den Wechsel des Ersatzes herbeizuführen. Eine Erfahrung stand Scharnhorst für etwa „22 Monate" nicht zur Seite, er war vielmehr zu diesem Satz durch Zusammenzählung der Exerzirmonate bei (der alten) 20 jährigen Dienstzeit gekommen. Für die Gebildeten des stehenden Heeres gedachte er die Dienstzeit noch mehr verkürzen zu können, es war der Anstoß zur Ein = richtung der Einjährig = Freiwilligen = Einrichtung. Am 20. Dezember 1808 wurde das nach diesen Grundsätzen verfaßte „Konscriptions=Regulativ" dem Könige von der Reorganisations= Kommission überreicht: das Regulativ ist von Boyen entworfen. Der König ertheilte ihm seine Zustimmung nicht, die allgemeine Wehrpflicht blieb daher noch eine Idee, und die Kantonverfassung mit allen ihren Exemtionen bestehen, doch erreichte Scharnhorst, daß ein Kanton dem andern aushelfen konnte, daß die Idee der Erblichkeit besonderer Eigenschaften für bestimmte Waffengattungen verlassen und die Brauchbarkeit nicht mehr hauptsächlich von der Größe der Leute bedingt sein sollte. Hatten die „langen Leute" doch eine Art von Exemtionsvorrecht für die kleinen nothgedrungen schaffen müssen. Die Hauptsache war jedoch die Rettung des Krümpersystems trotz der September=Konvention, so daß jede Kom= pagnie monatlich 5 Rekruten einzog und dafür ebenso viele andere altgediente Mannschaften beurlaubte. (24. Dezember 1808.) Vor= übergehend wurde die Zahl durch Kabinetsbefehl vom 4. Dezember 1809 auf 3 Rekruten herabgesetzt. Am 7. Februar 1811 ordnete der König für 4 Monate aber die Einziehung von 8 Krümpern per Kompagnie und 3 per Schwadron und reitende Kompagnie an. Ein Hauptumstand darf hierbei nicht übersehen werden. Das vorjenaische Preußen hatte außer der Exerzirzeit höchstens 70,000 Mann bei den Fahnen, das Preußen nach dem Tilsiter Frieden hielt stets 42,000 Mann unter den Fahnen, es gab also seitdem keine „Be= urlaubten" mehr. Es befand sich mithin Jahre lang im Zu= stande einer Mobilmachung mit Ausnahme der Zeit der Armee= verminderung von 1810 und trug das Schicksal in der Hoffnung auf Befreiung freudig.

Die Vorschläge der Konscriptions=Kommission vom 1. Juli 1809 auf Einführung der allgemeinen Wehrpflicht wurden abermals nicht angenommen. Es ist nicht nöthig, darauf näher einzugehen, weil sie wesentlich Neues zur Beurtheilung des „Scharnhorst'schen Ge=

dankens" nicht enthalten. Zur Idee der allgemeinen Wehrpflicht mag nur erwähnt werden, daß sie nicht allein rathsam, sondern bringend nothwendig sei, nicht sowohl wegen der von ihr zu er= wartenden Verstärkung der Armee als wegen der moralischen Wirkung.

Ferner sollten alle begüterten jungen Leute aufgefordert werden, bei den „Volontär=Jägern", per Infanterie=Regiment eine Kom= pagnie, per Kavallerie-Regiment eine Schwadron, Dienste zu nehmen. Wer hierzu im Stande ist, sich aber in diesem Augenblicke der Noth nicht meldet, wird in Zukunft von jedem Staatsamte aus= geschlossen. Die Volontärs müssen sich Waffen und Equipirung, bei der Kavallerie auch das Pferd mitbringen; sie erhalten keinen Sold, aber Naturalverpflegung und Fourage; sie werden nicht in der Linie, sondern nur zu leichtem Dienst gebraucht, sie wählen sich ihre Unteroffiziere und die etwa noch fehlenden Offiziere, den Stamm der Volontärabtheilungen sollten freiwillig sich meldende Offiziere bilden. Aus den Nichtbegüterten wird eine Miliz ge= bildet, in welcher Jeder, der die Waffen tragen kann, bis zu einem gewissen Lebensalter zu dienen verpflichtet ist. Diese Miliz ist aber ausdrücklich als Reserve=Armee gedacht. Der Bericht der Rüstungskommission über die Miliz ist nicht erhalten, zweifelhaft ist, ob er überhaupt erstattet wurde. Auch der von der Konscrip= tions=Kommission verfaßte Gesetzentwurf fehlt. Die Frage, wie weit Scharnhorst in der Verkürzung der Dienstzeit unter der Fahne herabgehen zu können meinte, kann auch aus diesem Material nicht sicher beantwortet werden. Den Einwendungen, welche Boguslawski gegen die Dienstzeit macht (20. Juli 1809) kann man entnehmen, daß die Kommission eine dreijährige Dienstzeit festsetzte. Dies muß auch die Meinung von Scharnhorst gewesen sein.

Ende 1809 ertheilte der König Antwort auf den Bericht vom 1. Juli 1809. Die Antwort war wiederum ablehnend, die näheren Gründe lassen sich nicht feststellen, beruhen aber im Prinzip in seiner Abneigung gegen die allgemeine Wehrpflicht.

So begannen denn Anfang 1810 die Verhandlungen der Schlußbericht der Konstrip= tions-Kommission. Konscriptions=Kommission von Neuem und am 5. Februar 1810 wurde der Schlußbericht erstattet. Er empfahl von Neuem die allgemeine Wehrpflicht, die Aufhebung jeder Exemtionen. Alljährlich sollte der König die Zahl der Auszuhebenden bestimmen. War

diese auf die Kreise vertheilt, so sollte ausschließlich das Loos fest=
setzen, wer von den Pflichtigen im gegebenen Falle die Pflicht zu
leisten habe.

Die Pflichtigkeit war auf die Lebensjahre beschränkt, in denen
der Mann noch keine Häuslichkeit besitzt. Um den erforderlichen
Stamm älterer Soldaten zu ergänzen, waren denjenigen, welche
freiwillig über die gesetzliche Dienstzeit weiter dienen wollten, Vor=
theile in Aussicht gestellt. Auf die Dienstzeit im Heere sollte eine
zweite in der Reserve, in der Miliz eine dritte sich anschließen.
Da jedoch die September=Konvention dem Staate in dieser Be=
ziehung die Hände gebunden hatte, so ist der Gedanke durch folgende
Worte des § 18 umschrieben: „Diejenigen, welche das Loos nicht
getroffen hat, sind soweit des Anspruches auf Militärdienste ent=
bunden, als der Staat nicht etwa Reserven aus ihnen bildet oder
sie zu besonderen Polizeidiensten zu benutzen für nöthig erachtet."
An Stelle der bisherigen 20 jährigen Dienstzeit im stehenden Heere
wurden vier Jahre festgesetzt. Um die Gebildeten und Wohl=
habenden vor ernsten Störungen in ihrem Berufe zu schützen,
sollten diejenigen, welche sich aus eigenen Mitteln Uniform, Be=
waffnung und Unterhalt beschafften, sobald sie ausexerzirt, beurlaubt
und nur zur Uebungszeit wieder eingezogen werden, so daß ihre
Dienstzeit auf 5 Monate beschränkt wurde. Diejenigen, welche sich
den Wissenschaften und Künsten gewidmet hatten, sollten in solche
Garnisonen gesandt werden, wo sie Gelegenheit hatten, ihre Bil=
dung fortzusetzen; überdies sollten sie ebenso wie die erste Klasse
durch Urlaub begünstigt werden, auch wenn sie nicht im Stande
waren, sich selbst zu bekleiden und zu bewaffnen.*)

Der Entwurf fand bekanntlich wieder Gegner. Man darf
dieses nicht strenge richten. Alle großen Reformen haben Meinungs=
spaltungen zur Folge, hier mußten sie aber auch nothgedrungen
deshalb entstehen, weil Scharnhorst, wie das vorstehende Beispiel
lehrt, vieles wegen der Rücksichten auf Napoleon I. nur um=
schreiben, nicht deutlich beschreiben konnte, wodurch die Verstän=
digung erschwert wurde. Scharnhorst bekämpfte die Gegner durch den
Hinweis, daß vor Allem das Prinzip der Ehre in den Reihen der
Krieger verbreitet werden müßte, eine moralische Kraft, die be=

---

*) Unsere heutigen „Staatseinjährigen".

kanntlich die Sozialdemokratie im Militarismus ebenfalls nicht gelten läßt. Wenn aber im Dienen eine Last erblickt würde und die besseren Stände davon befreit sein sollten, so könnte der Tage=löhner mit Recht sagen: „Nun gut, wenn ich allein meine Söhne zur Vertheidigung des Vaterlandes hingeben soll, so nehmt mir dafür auch alle Steuern ab und legt sie ausschließlich auf den, bei welchem ihr die Kraft des Reichthums findet."*)

Neben dem politischen Gegner Altenstein hatte Scharnhorst die Einwände des Grafen Dohna zu bekämpfen. Dieser Punkt ist insofern einer der wichtigsten, als an ihm der durchschlagende Be=weis geführt wird (wenn dies noch besonders nöthig wäre), daß Scharnhorst keine Miliz wollte. Graf Dohna hatte nämlich obigem Entwurfe das englische Milizsystem entgegengehalten. Von den Unterzeichnern des Entwurfs kannte nur Scharnhorst dieses System aus eigener Anschauung aus den Feldzügen von 1793, 1794 und 1795. Er wandte sich in Folge dessen mit einer besonderen Denkschrift vom 5. April 1810 gegen diese Idee. Er fragt, ob die englischen Insularverhältnisse, welche das Milizsystem dort unterstützten, ohne Nachtheil in ihrem ganzen Umfange auf eine kontinentale Macht zweiten Ranges anwendbar seien. Er vermißt namentlich die grundsätzliche Unterscheidung zwischen stehendem Heere und Miliz. Zur Ausgleichung dieser Meinungsverschiedenheit wurde eine neue Berathung im Herbst angesetzt, der zwei neue Denkschriften Scharnhorst's vorarbeiten sollten. In der allmählichen Preisgebung der allgemeinen Konskription vom Jahre 1733 sehe er die letzte Ursache des Zusammenbruchs von 1806. Die Armee habe Neid, Verachtung und Haß erweckt, während sie doch das Mittel hätte sein sollen, alle Stände an einander und an den Staat zu ketten. In der zweiten wendet er sich gegen die Unzulässigkeit der Stell=vertreter: „Der Stand, welcher die Milderung auch in Kriegszeiten verlangte (nämlich Gebildete und Wohlhabende mit kurzer Dienst=zeit im Frieden), wäre der verachtungswürdigste, den es je gegeben, wäre des Vaterlandes nicht werth, und kein Zwangsmittel wäre hart genug, ihn zu warnendem Beispiel der übrigen bestrafend herbeizuziehen."

Scharnhorst ein Gegner einer reinen Miliz=einrichtung.

*) Hieraus ergiebt sich übrigens, daß Scharnhorst auch an eine Wehr=steuer gedacht hat.

In der letzten Denkschrift kommt aber auch deutlich Scharnhorst's Stellung zu dem, was heute als Militarismus angefeindet
wird, zum Ausdruck. Höher als alle Gesetze und materiellen Opfer
steht in seinen Augen der Armeegeist. „Es ist die Bemerkung
gemacht worden," sagt er, „daß man auf die materiellen Be-
standtheile der Armee verhältnißmäßig ungeheuere Summen ver-
wandt und nicht auf das, was nichts kostet, auf die Erzeugung
eines hohen militärischen Geistes der Nation gesehen,
sondern solche Anordnungen theils getroffen, theils beibehalten habe, welche die Stände der Nation trennen und
die Armee verächtlich machen müßten."

Der durch die Scharnhorst'sche Schule in der Gegenwart er-
zeugte militärische Geist der Nation, der Geist der Einheit und
Tugend, ohne Ansehen der Standesunterschiede des bürgerlichen
Lebens, ist es, was heute in dem Schlagwort Militarismus an den
Pranger gestellt werden soll, doch eigenthümlicherweise von denselben
Parteien, welche nach der endlichen Verwirklichung des „Scharnhorst'schen Gedankens" rufen. Statt Scharnhorst zu preisen, müßten
die Ignoranten ihn eher kreuzigen, denn derselbe Scharnhorst will
auch, wie bereits nachgewiesen, die Besetzung der Aemter davon ab-
hängig gemacht sehen, daß der Bürger seine Pflicht gegen das
Vaterland erfüllt habe. Und zu diesem Schluß ist jeder große
Reformator gekommen. Dieselben Kräfte wirkten im alten Rom
und führten es zu seiner Machtstellung: die Form der Wehrmacht
hat hierbei verschiedene Phasen passirt, als Miliz war sie getragen
von dem Idealismus des Volkes in allen seinen Kreisen; als stehendes
Heer von einem stolzen militärischen Selbstbewußtsein, welches stets
der Begleiter der Waffenerfolge gewesen ist und sein wird. Der
militärische Geist der Nation — oder wie man heute beliebt zu
sagen, der Militarismus — ist eben allen großen Phasen der
Völkergeschichte eigen gewesen und wird es sein; er wird sich unter
jeder Wehrverfassung wieder bilden, so lange ein Volk noch gesund
ist und an Ideale glaubt, und man hat darin demgemäß auch stets
etwas Anderes gesehen als den Inbegriff des Schlechten! Und
diesem militärischen Geist der Nation haben nicht nur die militärischen Reformer Preußens aus großer Zeit gehuldigt: Freiherr
von Stein hoffte ebenfalls, daß „die allgemeine Wehrpflicht der un-
kriegerischen und feigen Gesinnung der Gewerbetreibenden und der

Studirten entgegenwirken, die Absonderung der verschiedenen Stände von einander und vom gemeinen Wesen verhüten, in jedem Einzelnen das Gefühl der Pflicht, für die Erhaltung des Staates das Leben zu lassen, erwecken werde." So dachten und fühlten die Fichte, Körner, Sack, Schenkendorf, Schleiermacher, Arndt, Jahn. Sie alle waren Männer aus dem Volke; auch sie wollten eine Volks- wehr, die von Leidenschaften und Idealen erfüllte Volkswehr Scharn- horst's, allein sie würden sich entsetzt von der Farce abgewandt haben, welche Bebel u. s. w. daraus machen wollen, weil das Wesen dieser Volkswehr materieller Egoismus, ihre Form ein disziplinloser Haufen werden müßte. Ihnen allen war aber auch das Vaterland heilig, sie alle sahen in dem Staat und seiner Verfassung den Untergrund für das Gedeihen des Volkes, in der Armee den Schutz des Staates und Volkes, in reinen Sitten, einer naturgemäßen Ständegliederung und ihrer politischen Repräsentation im Staate, in dem Glauben, in der Reinhaltung der Ehe und der Stellung der Frau in der Gesellschaft die Formen und den Inbegriff der Ideale eines zivili- sirten Volkes, während diejenigen Parteien und Männer, welche in demselben Athem die „Scharnhorst'schen Gedanken" reklamiren und den Militarismus verhöhnen, gegen alle die Ideale und Einrich- tungen vorgehen, welche jenen Kreisen wahrer Volksmänner heilig und unantastbar waren! Vieles beruht heute auf schlechtem Wissen, aber leider auch trotz besserem Wissen auf schlechtem — Wollen!

Wir wissen, daß die Zahl der Krümper im Laufe der Ein- richtung gewechselt hatte. Als nun Napoleon den Krieg von 1812 vorbereitete, fand Scharnhorst in der sogenannten Küstenbesetzung zum Schutze gegen England (Frühjahr 1811) einen Vorwand, den größten Theil der Armee auf mobilen Fuß zu setzen und dadurch nicht allein die Beurlaubten heranzuziehen, sondern die Zahl der Krümper einerseits zu vermehren, andererseits ihre Ausbildung durch längeres Verbleiben bei der Truppe zu steigern. Dasselbe setzte Scharnhorst bei den nicht unbeträchtlichen Besatzungen der Festungen Pillau, Graudenz, Kolberg, Spandau durch. Desgleichen wurden statt Zivilarbeiter Krümper für alle Arbeiten an den Festungen genommen, um die Leute indirekt auf den Krieg vorzubereiten, denn sie wurden militärisch organisirt, ebenfalls wurden alle Soldaten aufgelöster Regimenter an die Küsten gesandt. Dergestalt wurden aus den Krümpern mehr oder weniger ältere Soldaten, deren

Küsten- besetzung.

Dienſtzeit ſich im einzelnen zwar nicht genau berechnen läßt, aber die zur Jahreswende 1813 mehrere Monate betrug. Denn erſt durch Kabinetsbefehl vom 30. Mai und 14. Juni 1811 wurde ein Theil der Krümper mit Rückſicht auf Napoleon wieder beurlaubt. Um jedoch die Streitkräfte nicht zu ſchwächen, kam Scharn= horſt auf ein anderes Auskunftsmittel. In den Exerzirdepots wurden die Rekruten auf 3 Monate eingezogen, die Scharnhorſt zur Beſetzung wichtiger Punkte verwendete. Aus allen Waffen gemiſchte Truppentheile ſollten, indem ſie ſtets ſo marſchirten, als ob ſie den Feind vor ſich hätten, die Provinzen nach allen Rich= tungen durchziehen (10. Juli 1811) und unter dem Vorwande der Deckung der Abgaben an die Exerzirdepots wurden (23./25. Juli 1811) per Kompagnie 12 Beurlaubte oder ausexerzirte Krümper eingezogen. So verfügte das kleine Preußen im Sommer von 1811 über 124,000 Mann geübter Truppen. Die Krümper waren in Kompagnien und Bataillone eingetheilt, die maſſenhaft im Lande zerſtreuten inaktiven Offiziere mußten in den Feſtungen wohnen, bereit jeden Augenblick verwendet zu werden.

Alle dieſe Maßnahmen, ſowie der Plan (Gneiſenau's) zur Vorbereitung eines Volksaufſtandes vom 8. Auguſt 1811 müſſen unter den wechſelnden politiſchen Strömungen der Zeit betrachtet werden. Für dieſe Unterſuchung iſt es aber nicht von Belang, ob Preußen ſich mit Rußland gegen Frankreich oder mit Frankreich gegen Rußland verbinden wollte, denn jeder Fall zwang gerüſtet zu bleiben. Daß aber der militäriſche Werth der Krümper durch die Dauer und die Uebungen mit den alten Soldaten, namentlich unter der hohen patriotiſchen Begeiſterung, mit der Zeit außer= ordentlich zunehmen mußte, und die Krümper, befehligt von tüchtigen Berufsoffizieren und Unteroffizieren, nach und nach mit der ſtehenden Armee verſchmolzen, iſt einleuchtend.

Noch 2 Tage vor dem Bündniß mit Frankreich (22. Februar 1812) hatte Scharnhorſt eine neue Denkſchrift aufgeſetzt, deren In= halt ſich ungefähr mit den bekannten früheren Forderungen einer neuen Konſkription deckte. Sie blieb in dieſem Punkte zwar ohne Folge, aber wichtig iſt ein Kabinetsbefehl vom 4. Auguſt 1812 an General von Hake, der einen tiefen Einblick in das Krümperweſen geſtattet, dort heißt es: daß das bisher hinſichtlich der Krümper beobachtete Verfahren in mehr als einer Beziehung der Ab=

Marginal note left: Rekruten bei den Exerzir= depots.

ſicht nicht entſprochen habe, und nur zwei Mal im Jahre (im
Frühjahr und im Herbſt) die Entlaſſung der Auszexerzirten und die
Wiedereinziehung roher Rekruten ſtattfinden ſolle. „Einem Rekruten,
der noch kein Jahr bei der Fahne geweſen iſt, kann nicht die Ent=
laſſung als Krümper, ſondern nur Urlaub bewilligt werden. —
Auf die Vermehrung der Zahl der Krümper muß möglichſt Bedacht
genommen werden, und es muß zu dem Ende jede Infanterie=
Kompagnie 6—8 Mann mindeſtens als Krümper in's Kanton ent=
laſſen. Doch ſoll durch dieſe Beſtimmung dem Eifer derjenigen
Truppen keine Einſchränkung geſchehen, welche bei Beobachtung der
oben feſtgeſtellten Prinzipien auf eine größere Vermehrung der
Krümper hinarbeiten wollen; vielmehr werde Ich dieſes Bemühen
immer mit Wohlgefallen erkennen.“

Hieraus geht abermals hervor, daß die Dienſtzeit der Krümper Erſte Maß=
nahmen von
1813. Frei=
willige Jäger.
weit länger dauerte, als es angenommen wird.

Folgen wir nun den Maßnahmen, nachdem der Untergang
der „großen Armee“ bekannt geworden.

Am 12. Januar wurde die ganze Armee durch Verſtärkung
der beſtehenden Kadres und durch Aufſtellung neuer weſentlich ver=
mehrt. Unter Benutzung der vorhandenen Brigade= und Regiments=
Depots konnte man ſogleich 11 neue Bataillons-Kadres aufſtellen,
die zu einem Drittel mit Rekruten, zu zwei Dritteln mit Krümpern
gefüllt wurden.

Am 2. und 6. März ergingen die Befehle zur Aufſtellung von
20 Reſerve=Bataillonen und 11 neuen Schwadronen, auf deren
Aufſtellung Scharnhorſt ſchon am 5. Februar gedrungen hatte.

Am 3. Februar 1813 war an die Wohlhabenden und Gebil=
deten inzwiſchen der Aufruf, freiwillig unter die Waffen zu treten,
ergangen, am 9. Februar waren die Ausnahmen von der Kanton=
pflicht aufgehoben worden. Dies bedeutete zwar immer noch nicht
die allgemeine Wehrpflicht, aber ſie wurde dadurch doch wirkſam
vorbereitet und eingeleitet. Die erſte Maßnahme ermöglichte die
Errichtung von Detachements freiwilliger Jäger; die Be=
ſeitigung der Exemtionen verſchaffte dem Staate die Mittel,
in den beſſeren Ständen ſich ein geeignetes Perſonal an Kriegs=
Offizieren und =Unteroffizieren zu ſichern. In die Detachements
freiwilliger Jäger ſollten Mannſchaften eintreten, „welche nach den
bisherigen Kantongeſetzen vom Dienſte befreit und wohlhabend genug

sind, um sich selbst bekleiden und beritten machen zu können". Die Armee erhielt dadurch sogleich einen Zuwachs von 8000 neuen Streitern; höher als das materielle Ergebniß schätzte Scharnhorst aber die moralische Tragweite, nämlich „das Interesse aller Familien an den Krieg zu ketten", wie er sich ausdrückte. Wieder ein Beweis, daß die Feinde des Militarismus nicht gut thun, sich auf Scharnhorst zu stützen.

Die freiwilligen Jäger dürfen sich den Truppentheil selbst wählen, bei dem sie dienen wollen; sie sollen vom Arbeits- und Transportdienst befreit bleiben, die Offiziere, welche sie ausbilden, besonders ausgewählt werden. Der demokratische Gedanke erhält also sogleich wieder eine aristokratische Gestaltung, was bei Scharnhorst, der Herzens- und Verstandeskräfte so hoch stellte, schlechterdings nicht anders sein konnte. Uebrigens erkennt man in den Grundbedingungen der Schöpfung, sowie in der bereits erwähnten ihr zugebilligten kürzeren Dienstzeit die Grundprinzipien unserer heutigen Einjährig-Freiwilligen. Sollte doch der Armee aus den Jägern ein Theil ihres Offizierkorps zuwachsen! „Gegen 3000 der gebildetsten, intelligentesten jungen Männer," schreibt Scharnhorst unter dem 19. März freudig, „haben nicht allein den Geist des Militärs aufgefrischt, sondern stehen jetzt bereit, die rohen Materialien im Laufe des Krieges zu führen und das Militär zu einer hohen Stufe zu erheben."

Was sagen dazu die Feinde des Militarismus?

Aber der große Reformator und erfahrene Praktiker wußte zu gut, daß jungen Soldaten, auch wenn sie vom besten Geiste beseelt sind, in der Taktik die Festigkeit alter mangelt. Daher heißt's in der Scharnhorst'schen Instruktion: „Auf gleiche Weise ist darauf zu sehen, daß diese Jäger-Detachements vor dem Feinde nicht von ihren Regimentern und Bataillonen entfernt, auf gefährliche Posten detachirt und in einer solchen abgesonderten Aufstellung der Gefahr einer plötzlichen Aufreibung bloßgestellt werden; daher die Befehlshaber selbst verhüten müssen, daß diese jungen Männer nicht von einem unzeitigen Eifer hingerissen, sich einer größeren Gefahr aussetzen, als das Bataillon oder Regiment selbst." Hieraus erhellt ebenfalls, daß Scharnhorst keine Miliz wollte. Im Gegentheil war er von der Nothwendigkeit gründlicher Durchbildung aus eigener Diensterfahrung überzeugt. Was aber den besten Elementen eines für den Krieg begeisterten Volkes nicht zugemuthet werden sollte, konnte Scharnhorst doch nicht für den weniger werthvollen Theil als Fundament einer Organisation im Auge haben!

Obwohl das Manifest vom 3. Februar vom reinsten Idealis‑ *Strafen und Belohnungen* mus in Bezug auf den kurz bevorstehenden Krieg gegen einen ver‑ haßten Unterdrücker des Volkes eingegeben war, so wußte der Kenner der menschlichen Seele, Scharnhorst, doch, daß selbst unter so außergewöhnlichen Zeiten auf Lohn und Strafe nicht verzichtet werden dürfe. „Denjenigen, welche sich durch Tapferkeit, Diensteifer und Vaterlandsliebe auszeichneten", wurde verheißen, daß sie in ihrer demnächstigen Zivildienst‑Laufbahn vorzugsweise berücksichtigt werden sollten. Andererseits wurde bestimmt, daß aus den gegen‑ wärtig zwischen dem 17. und 24. Lebensjahre stehenden Altersklassen in Zukunft Niemand zu irgend einer Stelle, Würde oder Aus‑ zeichnung kommen sollte, wenn er nicht ein Jahr bei den aktiven Truppen oder in den Jäger‑Detachements gedient habe.

Ausgenommen sollten nur diejenigen sein, welche in einem *Ausnahmen.* aktiven Königlichen Dienste standen oder körperlich zum Militär‑ dienste untauglich waren oder als einzige erwachsene Söhne einer Wittwe ihre Mutter zu ernähren hatten. Die Gesetzgebung hat sich keineswegs in dem Sinn so entwickelt, wie es Scharnhorst im ersten Theile der Bestimmung vorschwebte, der Gedanke Scharn‑ horst's hätte sonst zu einer innigeren Verkettung von Volk und Heer, zu einer höheren Ehrung der gedienten Bürger geführt, als es der Fall ist. Aber selbst in der damaligen verzweifelten Lage des Vaterlandes gestand Scharnhorst Ausnahmen von der Wehr‑ pflicht zu. Die Sozialdemokratie verwirft aber jede Ausnahme schon im Frieden!

Am 9. Februar wurde die „Verordnung über die Aufhebung *Aufhebung der Exemtionen.* der bisherigen Exemtion von der Kantonpflichtigkeit für die Dauer des Krieges" Gesetz. Scharnhorst hatte lange für die allgemeine Wehrpflicht vergeblich gekämpft, er kannte also hinreichend die wider‑ strebenden Anschauungen und deshalb beschränkte er sich hier auf „die Dauer des Krieges". Er lebte aber der Ueberzeugung, daß der Friede unmöglich eine Einrichtung beseitigen könnte, nachdem sie sich im Kriege bewährt hätte, doch diesen Frieden sollte der Reformator nicht erleben. Er selbst brachte seiner Schöpfung den Tribut des eigenen Lebens! Was er gepredigt, hielt er zuerst.

Dieses Wehrpflichtgesetz beginnt mit den Worten: „Bei der Kanton-Verfassung bleibt ein großer Theil junger Leute eximirt, und gerade diejenigen, welche zu Unteroffizieren und Offizieren sich am meisten eignen". Im Freiwilligen-Manifest wird die Jugend aufgefordert, mit den älteren Vertheidigern des Vaterlandes*) „in der schönen Erfüllung der ersten von den uns obliegenden Pflichten zu wetteifern".

Ausnahmen. Viel weiter geht Scharnhorst in den Ausnahmen beim Wehr-pflichtgesetz als bei denjenigen der Freiwilligen. Befreit sollten sein, „die im geistlichen Amte Stehenden, sowie auch diejenigen, welche ihren Vater verloren und bereits die Bewirthschaftung eines Bürger-hauses, Bauernhofes oder einer größeren Besitzung übernommen haben". Die Bestimmung zu Gunsten der Hülflosen ist schärfer gefaßt und schließt demgemäß; „Befreit sind die Söhne von Wittwen, wenn ältere nicht im Militärdienste befindliche Brüder fehlen, und die, welche offenkundig die einzigen Ernährer ihrer ohne sie hülf-losen Familie sind". Alle diese Bestimmungen, mit Ausnahme der letzten von Hardenberg und Staatsrath Hippel herrührenden, sind von Scharnhorst; aber daß Scharnhorst auch diese billigte, geht schon aus der ähnlichen Bestimmung im Freiwilligen-Manifest hervor.

Wie kann da behauptet werden, daß Scharnhorst selbst von dem so bedrängten Vaterlande jeden Tauglichen hätte dienen lassen wollen? Wie kann man verkennen, daß die allgemeine Wehrpflicht sich gerade in dieser Beziehung genau nach den volks-wirthschaftlichen Gesichtspunkten Scharnhorst's entwickelt hat? Wie kann die Sozialdemokratie sich auf den „Scharnhorst'schen Ge-danken" berufen?

Das sind die beiden Kundgebungen, die nach dem Willen ihrer Urheber Volk und Heer in die engste Verbindung bringen, dem Heere alle Klassen des Volkes zuführen, das Volk mit Neigung und Liebe für das Heer erfüllen sollten. Und als alle herbei-strömten, rief Gneisenau aus: „Welches Glück, so lange gelebt zu haben, bis diese weltgeschichtliche Zeit eintrat; nun mag man gern sterben." Die großen Reformatoren waren sich also voll-ständig der weltgeschichtlichen Bedeutung ihres Werkes bewußt.

---

*) „Vertheidiger des Vaterlandes" kann nicht mißverstanden werden. Das Vaterland war zu befreien, die Befreiung erheischte den Angriffskrieg.

Bisher hatte das Manifest vom 3. Februar sich nur an die Klassen vom 17. bis 24. Lebensjahre gewandt. Schon am 10. Februar erging die Bekanntmachung, daß diejenigen nicht zurückgewiesen werden sollten, welche älter als 24 Jahre wären. Am 27. Februar erschien ein Kabinetsbefehl, wonach den im Königlichen Dienste stehenden besoldeten Beamten der Eintritt freigestellt wurde. Am 18. Februar, 10. und 12. März wurde die Aufstellung der „Königlich preußischen Freikorps" bewilligt, doch das Eingreifen der Provinzen durch Aufstellung besonderer „National-Regimenter" erfüllte Scharnhorst insofern mit Besorgniß, als er fürchtete, es könnte dadurch die Zentralleitung gefährdet werden. Daher erschien ein Kabinetsbefehl an den Grafen Henckel: „Die Errichtung von Truppen, insofern sie nicht auf Meinen Befehl und unter Meiner unmittelbaren Autorisation geschieht, ist ein Unternehmen, zu dessen Ausführung Ich dem Lande keine neue particelle Last auferlegen . . . kann. Was vom Lande geschieht, kann nur nach großen allgemeinen Maßregeln bestimmt werden." Der letzte Satz ist von Scharnhorst hinzugefügt und deshalb wichtig, weil er deutlich ersehen läßt, daß er die Gesammtrüstungen in der Hand des Staatsoberhauptes konzentrirt wissen wollte.

Freikorps.

Endlich krönte Scharnhorst sein Werk durch die Zustimmung des Königs zur Errichtung der Landwehr und des Landsturms (17. März). „Die Verordnung über die Organisation der Landwehr" ist durchaus das geistige Eigenthum Scharnhorst's. Bei einer Bevölkerung von 4,650,491 Köpfen wurde dem Lande die Aufstellung von 110,095 Mann Infanterie und 9892 Mann Kavallerie auferlegt.

Die Landwehr.

Diejenigen Männer, welche sich freiwillig stellen, erhalten sofort den Rang der Gefreiten und für später die Zusicherung, bei der Beförderung vorzüglich bedacht zu werden. Haben sich nicht genug Freiwillige gemeldet, um den auf den Kreis entfallenden Antheil zu stellen, so wird zur Loosung geschritten. Ihr sind alle wehrbaren Männer vom 17. bis 40. Lebensjahre unterworfen, jeder Jahrgang nach dem gleichen Verhältniß. Ursprünglich hatte Scharnhorst die Landwehrpflicht nicht über das 32. Jahr ausdehnen wollen; er wurde aber in dem Punkte überboten, weil sonst die alten gewesenen Soldaten verloren gegangen wären, welche den Kern der Landwehr bilden sollten. Dagegen drang Scharnhorst mit der

Forderung durch), daß die Pflichtigkeit in der Landwehr ebenfalls allgemein sein sollte und ohne Stellvertretung.

Ausnahmen. Befreit waren die aktiven Präsidenten und Direktoren, die Geistlichen, Schullehrer und Staatsbeamten, „welche weder durch andere übertragen noch bei der Verwaltung des Landes entbehrt werden konnten". Auf Gütern von der vierfachen Größe eines Bauernhofes sollte entweder der Besitzer oder ein Wirthschafter zurückbleiben, in Fabriken und Handlungshäusern der Inhaber oder ein Disponent, falls sie für Wittwen und Waisen verwaltet würden.

Organisation. Im Uebrigen glich die Landwehr insofern den Freiwilligen, als der geldarme Staat ihre Kosten nicht bestreiten konnte; sie wurden den Ständen der einzelnen Kreise auferlegt, aber nicht den Individuen. Der Staat gab nur Gewehr, Munition, Säbel, der Kreis beschaffte die Kleidung, wo der Wehrmann es selbst nicht konnte. Der Kreis hatte auch die Verpflegung der Landwehr zu bestreiten, sobald sie auf seinem Gebiet zusammengezogen wurde.

Nach allen Lasten und Leistungen der letzten sechs Jahre erforderten Billigkeit und Klugheit, daß den Belasteten ein hervorragender Antheil an der Errichtung und Leitung der neuen Truppe gewährt wurde. Daher soll die Landwehr den Ständen überlassen werden, die Königlichen Behörden hatten nur die Obliegenheit, jedes Hinderniß aus dem Wege zu räumen. Für Meinungsverschiedenheiten wurde für jede Provinz eine Berufsinstanz, bestehend aus einem von den Ständen und einem von dem Könige ernannten Generalkommissar, gebildet, die Errichtung der Landwehr den Kreisen übertragen. An ihrer Spitze standen ein Kreisausschuß und zwei Abgeordnete der Rittergutsbesitzer, einer der Städte, einer der Bauern. Die beiden ersten wurden von den Ständen gewählt, die beiden anderen von der Regierung ernannt. (Scharnhorst wünschte auch die Wahl bei den Vertretern der Städte.) Im Uebrigen errichten die Stände gemeinschaftlich die Landwehr. Der Kreisausschuß leitet die Aushebung, vereidigt die Ausgehobenen, befreit die Unabkömmlichen, wählt die Offiziere bis zum Kompagnie- und Schwadrons-Chef aufwärts, ohne an Lebensalter oder einen Stand gebunden zu sein. Der König bestätigt die gewählten niederen Offiziere. Die Ernennung der höheren ist Recht des Monarchen, jedoch mit dem Vorschlagsrecht der Stände. Ist aber die Landwehr erst gebildet, so werden die erledigten Offizierstellen durch Wahl der

Offiziere besetzt. Von dem ursprünglichen Gedanken, die Offiziere durch die Wehrmänner wählen zu lassen, ist also Scharnhorst ganz abgekommen. Hatte der König unter dem 13. Februar die Beför=
derung geeigneter Unteroffiziere für das stehende Heer zugelassen, so bestand bei der Landwehr erst recht kein Anlaß zu schroffer Trennung zwischen den Führern.

Scharnhorst's organisatorische Größe beruht hier weniger in *Wahres* Grundsätzen für die Dauer, als in der Erkenntniß der richtigen *Volksthum.* Maßnahmen zur Befriedigung der Bedürfnisse des Augen=
blicks. Die Knappheit der Staatsmittel, die Kürze der Zeit, die Einhelligkeit der Stimmung und patriotischen Gefühle einerseits, andererseits aber auch die in schweren politischen Krisen fest und unangetastet gebliebene Monarchie, bestimmten ihn nur das Wesen im Auge zu halten und seine Erfordernisse so schnell als möglich zu erfüllen. Jede Zögerung, jede Mißhelligkeit hätte den Zweck, die nöthige Reserve für den bereits erklärten Krieg zu bilden, nur gefährden können. Unter solchen außer=
gewöhnlichen Umständen konnte der Reformator ohne politische Besorgnisse sich an den Milizgedanken für eine Reserve anlehnen, die Machtvollkommenheiten zwischen Monarch und Ständen theilen. War erst der Zweck der Anstrengungen erreicht, so mußte sich noth=
gedrungen eine Einrichtung von Dauer an die geniale Impro=
visation des Augenblicks anschließen. Deßhalb soll es auch Artil=
lerie und Pioniere bei dieser Landwehr nicht geben, dagegen hoffte Scharnhorst im Laufe der Zeit eine befriedigende Landwehr=Kaval=
lerie zu erzielen. Zweimal in der Woche wurde die Landwehr ver=
sammelt, auf Schießen sollte der Hauptwerth gelegt werden.

Aber mochte Scharnhorst im Allgemeinen glauben, der Land=
wehr erst in einer späteren Zeit zu bedürfen, einen Theil mußte er doch sogleich für das Feld bestimmen. Deßhalb ermahnte er die Stände bei der Offizierwahl, ohne Parteilichkeit das Auge auf Männer zu richten, „die sich durch Bildung, Rechtlichkeit und das Vertrauen, das sie im Kreise oder in der Stadt be=
sitzen, dazu am besten eignen". Hiermit bekannte er sich zu der Wahrheit, daß die geistige und sittliche Ueberlegenheit des Vorgesetzten die festeste Grundlage der Mannszucht sei. Zudem waren unter den Grundbesitzern viele alte Offiziere. Was sind aber den Spöttern über Militarismus Vertrauen und sittliche Größen?

Scharnhorst hatte ein Volk vor sich, welches, Eins im Fühlen und Denken, an der Monarchie, am Vaterlande, am Staate leidenschaftlich hing. Alle Kräfte traten für sie ein. Eine große Liberalität konnte gefahrlos die ganze Gesetzgebung durchwehen. Wie steht es jetzt, da die Sozialdemokratie die vermeintliche Erfüllung des „Scharnhorst'schen Gedankens" fordert?

Bei der Errichtung der Verbände wurde das landschaftliche Prinzip strenge gewahrt, die Leute sollten nach Möglichkeit so zusammenbleiben, wie sie wohnen. Die Kompagnien werden schwächer angesetzt als bei der stehenden Armee, aber mit der gleichen Anzahl an Offizieren. Je 4 Bataillone haben eine Brigade, je 3 Brigaden eine Division zu bilden. Im Bedürfnißfalle sollte die Armee Ersatz aus Landwehr erhalten.

Der Landsturm. Schon die Verordnung vom 17. März hatte an mehreren Stellen auf den Landsturm hingewiesen, aber seine Aufstellung sollte erst nach Errichtung der Landwehr erfolgen, die in der ersten Hälfte des April noch lange nicht vollendet war. Der Erlaß erschien am 21. April 1813. Diese Landsturm-Ordnung ist nicht von Scharnhorst entworfen, doch stimmt sie im Wesentlichen mit seinen Ansichten überein.

Patriotische Leidenschaft. Wie die ganzen Scharnhorst'schen Reformen nur unter den Bedrängnissen des Staates und des Vaterlandes verständlich werden können, so namentlich die Landsturm-Ordnung. Ihre geistigen Urheber sind Scharnhorst und Gneisenau. In den Herzen dieser beiden Männer brannte die Schande von 1806 vornehmlich fort; sie wußten sich aber in ihren Gefühlen eins mit allen Männern, welche national empfanden, vom fieberhaft erregten Blücher, Stein bis zu Boyen und der Zahl der Schüler, welche einst Scharnhorst's Hörer gewesen waren. Dies erläutern am besten die Worte der gemeinsamen Eingabe von Scharnhorst und Gneisenau. „Ein Krieg wie der gegenwärtige," heißt es darin, „ist nicht ein gewöhnlicher Krieg. Nicht etwa um eine Provinz wird gekämpft, sondern für die Sicherheit des Throns, für die Unabhängigkeit der Nation, für die heiligsten Güter des Lebens, für die Befreiung von einem scheußlichen Joch, das jeden Wohlstand der Nation vernichtet, ihr Blut zur Unterjochung fremder Völker fordert, selbige um jede edlere Kultur bringt und sie in den Stand der Rohheit zurückweist. In einem solchen Kampf muß daher die größte Anstrengung ent-

wickelt werden: Jeder Staatsbürger, er gehöre zur Armee oder
nicht, muß daran Theil nehmen, sei es auf mittelbare oder un=
mittelbare Weise. Nur eine solche Anordnung, die die Gesammt=
kräfte der Nation in Bewegung setzt, kann den Thron und unsere
Unabhängigkeit sichern. Die Sicherheit des Königs und der Natio=
nalunabhängigkeit allein dem stehenden Heere zu vertrauen, ist
immer gefährlich, zumal bei einem Gegner, wie der ist, der uns
entgegensteht, der Alles wagt, um Alles zu gewinnen. Sollte
abermals das Glück in einigen Schlachten gegen uns entscheiden,
so wird er uns zertrümmern, wofern wir nicht jetzt schon die
sämmtlichen Nationalkräfte gegen ihn aufbieten. Ohne eine solche
Entwickelung aller uns zu Gebote stehenden Vertheidigungsanstalten,
die nicht allein das stehende Heer, sondern auch die physischen und
moralischen Kräfte der gesammten Nation in Anspruch nimmt,
können wir nicht für den Erfolg stehen.“ . . . „Was hier vor=
geschlagen worden, ist durchaus nicht unausführbar und ist in
Rußland in einem weit höheren Grade bereits zur Ausführung
gebracht worden, und wesentlich zum Heile der russischen Nation.
Denn ohne eine solche kräftige Entwickelung aller Mittel, um dem
Feinde zu schaden, wäre selbst dieser mächtige Staat zu Grunde
gegangen, und ohne diese Entwickelung wird nach unserer innigsten
Ueberzeugung der unsrige sich nicht erhalten, sondern früher oder
später zusammenstürzen.“ . . . „Die Erfahrung hat uns gelehrt, daß
unser Feind nichts so sehr scheut, als einen Krieg dieser Art.
Spanien, unmittelbar an Frankreichs Grenze gelegen, hat er noch
nicht unterjochen können, obgleich dieses Land mit allen Nachtheilen
einer schwachen und kraftlosen Regierung zu kämpfen hat und ob=
gleich die spanische Nation, wie Männer versichern, die dort mehrere
Jahre gedient haben, lange noch nicht dieselbe Energie entwickelt
hat, wie die unsrige in diesem Augenblick.“

Jeder Staatsbürger soll daher an dem bevorstehenden Kampfe Organisation.
Theil nehmen, sei es mittelbar oder unmittelbar. Unmittelbar,
indem er selber die Waffen führt. Keine andere Ausnahme gilt
hier als Gebrechlichkeit, Kindesalter, Greisenalter. Das ganze Land
wird wieder, im Anschluß an die landräthlichen Kreise, in Land=
sturm=Bezirke getheilt, die ihrerseits in Unterbezirke zerfallen. Die
Anführer sämmtlicher Bezirke und Unterbezirke werden vom Gou=
verneur der Provinz ernannt. Der Bezirksanführer ist Vorsitzender

der sogenannten Schutzdeputation, eines gewählten Ausschusses, in dem jeder Unterbezirk durch einen Deputirten vertreten ist. An der Wahl nehmen sämmtliche Besitzer und Inhaber von Grund=stücken Theil, gleichviel welcher Art. Die Schutzdeputationen be=rathschlagen mit Sachverständigen, wie ihre Bezirke sich am längsten und besten vertheidigen lassen; sie treffen die Vorkehrungen dazu, sollte auch ein feindlicher Angriff noch so entfernt erscheinen; sie entscheiden über die Strafen, womit diejenigen zu belegen sind, welche, ihres Berufes uneingedenk, sich grobe Vergehungen zu Schulden kommen lassen. Das Recht, den Landsturm aufzubieten, haben die Armee= und Korpsbefehlshaber, die Militär-Gouverneure, die Kreis= und Bezirksvorsteher des Landsturms, diese beiden letz=teren jedoch unter Beschränkung auf ihren Amtsbezirk.

Die Mannschaften wählen von vornherein ihre Unteroffiziere und ihre Lieutenants, nach den ersten drei Monaten auch die Hauptleute, die das erste Mal von den Distrikts-Kommandanten eingesetzt werden. Doch sollen vor der kriegerischen Aktion die Wahlen nur auf Notabele, Gutsbesitzer und Eigenthümer, Staats= und Kommunalbeamte, Schulzen, Oekonomieverwalter, Schöppen, Förster, Schullehrer gerichtet werden dürfen. Der Landsturm wird nothdürftig exerzirt. Dagegen entbehrt er der Uniform, weil sie ihn kenntlich macht und der Verfolgung des Feindes leichter Preis geben kann. Erkennt der Feind den Landsturm nicht als Sol daten an, so soll die allerhärteste Wiedervergeltung unverzüglich geübt werden.

Bestimmung. Der Landsturm soll Geld, Proviant, Munition zum befreun=deten Heere schaffen, die Gefangenen von Bezirk zu Bezirk geleiten; bei der Vertheidigung des heimathlichen Bezirks mitwirken durch Verhaue, Gräben im Walde, hinter Wiesen, auf der Schanze, im Hinterhalt; das reguläre Kriegsvolk da unterstützen, wo nur Muth und Körperkraft entscheiden, bei nächtlichen Ueberfällen, bei der Er=stürmung und Behauptung von Verschanzungen und Wällen. Dringt der Feind in das heimathliche Land, so hält er ihn beständig in Athem, fängt Munition, Lebensmittel, Sendboten, Rekruten ab, hebt Hospitäler auf, überfällt die Quartiere nächtlicher Weile, beunruhigt, peinigt, vernichtet ihn, einzeln und in Trupps, wo es irgend möglich ist, denn es ist ein Kampf der Nothwehr, der alle Mittel heiligt, die schneidendsten sind die vorzüglichsten; sie beenden die gerechte Sache am siegreichsten und schnellsten. Man wende nicht ein, daß die natürliche Beschaffenheit der zu vertheidigenden Land= schaften solchen Verzweiflungskampf unmöglich mache: die Unüber= windlichkeit eines Volkes hängt nicht von dem Boden ab, auf dem es sitzt.

„Die Sümpfe der alten Deutschen, die Gräben und Kanäle der Niederländer, die Hecken und das Buschwerk der Vendée, die Wüsten Arabiens, die Berge der Schweizer, der wechselnde Boden der Spanier und Portugiesen haben, vom Volke vertheidigt, stets ein und dieselbe Folge erzeugt. Hat der Gebirgsbewohner den Vor= theil unangreifbarer Höhen, Schlupfwinkel durch Felsen gesichert, so hat der Bewohner der bebauten Ebenen seine Seen, Wälder, Sümpfe und den Vortheil, leichter eine gewisse Menge auf einem Fleck zu versammeln, als die zerstreut liegenden Wohnungen in den Bergen dies gestatten. Hat auch der Angreifer die Wahl des An= griffspunktes für sich, Vaterlandsliebe, Ausdauer, Erbitterung, nähere Hülfsquellen geben auf die Länge dem Vertheidiger das Uebergewicht."

Mittelbar soll zu diesem Siege jeder, selbst das Kind, der Greis, das Weib mitwirken, wäre es auch nur durch willige Dar= bringung der unermeßlichen Opfer, die gegebenen Falls von ihnen verlangt werden. „Es dürften sich Fälle ereignen, wo die Gouver= neure es als zweckmäßig erklären, daß ein oder der andere Bezirk von den Einwohnern eine Zeit lang geräumt und in solchen Zu= stand versetzt werde, der den Aufenthalt des Feindes darin unmög= lich macht; denn bedenke ein Jeder, daß es kein zerstörtes Dorf giebt, das nicht weniger anzubauen kostete, als feindliche Einquar= tierung und Brandschatzung demselben kosten würden." Dann wird das Mehl, das nicht fortzubringen ist, verdorben, Bier, Wein, Branntwein läßt man auslaufen, die Mühlen werden verbrannt, die Brunnen verschüttet, die reifenden Früchte der Obstbäume ab= geschlagen, Korn, Getreide, wenn es der Reife nahe, in Asche ver= wandelt. Die Hauptstadt, als am meisten ausgesetzt, muß am willigsten sein, den übrigen Städten das Beispiel zu geben. Wofern nicht mehr als das Doppelte der Anzahl sämmtlicher in selbiger vorhandenen wehrfähigen Männer gegen sie anrückt, soll solche gegen den Feind durch jedes nur erdenkliche Mittel vertheidigt werden. Mehrere der großen Prachtgebäude in dieser Stadt lassen

4

sich füglich in Zitadellen umschaffen, und es ist verständig, selbige ebensowohl zur Vertheidigung als zur Zierde des Thrones dienen zu lassen. „Demjenigen, der einen großen Sinn hat für Das, was allein den Gütern des Lebens Werth geben kann, für Unabhängigkeit von einem fremden Joch, wird es besser dünken, daß diese Prachtgebäude in Trümmer fallen, als daß sie fremden Tyrannen dienen."

„Geht eine Stadt oder ein Bezirk plötzlich an den Feind verloren, so sind alle Behörden als aufgelöst erklärt, und Niemand soll mehr schuldig sein, ihnen zu gehorchen. Der dem Feinde freiwillig geleistete Eid wird mit dem Tode bedroht, dem erzwungenen Eide jede Verbindlichkeit abgesprochen. Wer nach dem Einrücken des Feindes entkommen kann, ist gehalten, es zu thun. Die Bildung von National- und Bürgergarden unter Einfluß und Aufsicht des Feindes wird bei Strafe schimpflicher Landesverweisung untersagt. Diese scheinbaren Ordnungsmittel haben dem Feinde zu oft schon Garnisonen in den eroberten Städten erspart. Es ist weniger schädlich, daß einige Ausschweifungen zügellosen Gesindels stattfinden, als daß der Feind frei auf dem Schlachtfelde über alle seine Truppen gebiete. In einer vom Feinde besetzten Stadt wird, wie bei tiefster Trauer, verboten, irgend ein Schauspiel, Ball oder öffentliche Lustbarkeit zu besuchen. Kein Geistlicher darf darin ohne besondere Erlaubniß einer dem Feinde nicht unterworfenen höheren Behörde ein Paar ehelich einsegnen. Diejenigen, welche unter einem nichtigen Vorwand sich dem Kriegsdienst entziehen, sollen, wenn sie schon Bürger sind und Gewerbe treiben, das Bürgerrecht und den Gewerbeschein verlieren, wenn sie nicht angesessen sind, für ihr ganzes Leben vom Bürgerrechte ausgeschlossen sein. Sie sollen unter Vormundschaft gestellt, und der Besitztitel erworbener Grundstücke soll nicht auf sie, sondern auf ihre Vormünder übertragen werden. Sie sollen von der Ehre der Nationalkokarde ausgeschlossen sein; sie sollen niemals Staats- und Kommunalämter bekleiden. Die gleichen Strafen treffen Väter und Vormünder, die ihren Söhnen und Pflegebefohlenen den Eintritt in den Kriegsdienst erschweren oder ihnen, wenn sie als Freiwillige dienen wollen, die nothwendigste Ausrüstung versagen. Die Beamten, welche die Errichtung der Landwehr geflissentlich stören, werden mit Kassation bedroht."

„Jeder, der mit dem Nationalfeinde in Verbindung tritt, sei es durch schriftliche oder mündliche Mittheilungen, jeder, der dem Feinde Pferde, Waffen, Munition oder Kleidung zukommen läßt ja sogar jeder, der ihm Lebensmittel zuführt, soll vor ein Kriegs= gericht gestellt und hingerichtet werden; es sei, daß er mit über= wiegender, durch Gewalt nicht abzutreibender Militärmacht ge= zwungen wäre. Jeder Versuch, den Landsturm gegen die bestehenden politischen und sozialen Ordnungen zu verwenden, wird mit dem Tode bedroht. Wer Sklavensinn zeigt, ist als Sklave zu behandeln."

„Wenn alles beendigt ist," bestimmt die Anweisung zur Bil= dung der Landwehr, „so führt der Kommissarius die Landwehr= männer in die nächste Kirche. Der hierzu schon beauftragte Pre= diger hält eine kurze herzliche Anrede an die neuen Vertheidiger des Vaterlandes, legt ihnen das Ehrenvolle und Rühmliche ihres Berufs ans Herz und sucht dadurch ihren Muth und Eifer zu entflammen." „Ich hege," heißt es in der Landsturmordnung, „zu der Geistlichkeit des Landes das noch nie getäuschte Vertrauen, daß sie dem Volke den Geist und Zweck aller dieser Vorschriften wieder= holt erklären und einprägen, ja daß sie die ihrer Seelsorge anver= trauten Gemeinden in keinen Drangsalen und in keiner Gefahr aus den Augen verlieren oder von ihnen weichen werden."

In der Kirche sollen die Namen derer, welche auf dem Felde der Ehre fielen, der Nachwelt überliefert werden; das Kreuz sollte einziger Ehrenschmuck in dem nun beginnenden heiligen Kriege sein. Jeder Landwehrmann trug es an seiner Mütze, jeder, der sich aus= gezeichnet, trug es an seiner Brust. Nach Allem, was geschehen war, verstand es sich von selbst, daß bei der Verleihung des neuen Ordens kein Unterschied zwischen Offizieren und Mannschaften gemacht werde. Das Eiserne Kreuz war nur ein anderer Name für den von den Reformatoren bereits vor Jahren geplanten „Verdienstorden!"

Wie die Gesetzgebung so die Thaten. Gesetzgebung und Thaten konnten nur das Werk eines Volkes sein, welches nicht von Par= teien zerwühlt war: welches seine Einrichtungen und die Scholle, auf der es wohnte und die es an sein Staatsoberhaupt fesselte, liebte; welches einen Glauben hatte und seine Unabhängigkeit als Nation höher stellte, als alles Andere: welches von der ni= vellirten Masse, ohne Standesgliederung und ohne nationale Grenzen nichts wissen wollte und sich Lust an der Arbeit, Einfach= heit des Lebens, Reinheit der Sitten bewahrt hatte.

4*

Da aber die Sozialdemokratie die Massen nivelliren und ent-
nationalisiren will, so beraubt sie sie der Ideale und nach diesem
moralischen Massenmord glaubt sie noch an die Lebensfähigkeit
ihrer Miliz. Und wie stellt sie sich selbst denn dieser Miliz gegenüber; das sozialdemokratische Kollegium soll sie doch führen, be-
fehligen! Wir wollen ihr die Wahrheit sagen: diese Miliz würde
beim ersten und geringsten Unfall ihre Schöpfer — aufknüpfen und
ihre Leiber zerhacken: das ist der Weg der Masse, der man syste-
matisch alle Ideale geraubt hat, jede Begeisterungsfähigkeit
und jeden edlen Schwung der Seele. Die Geschichte ist wenigstens
auch in diesem Punkte unsere Fürsprecherin.

Preußen ist weder 1813/14 noch später in die Lage gekommen,
seinen Landsturm im Geiste der Gesetzgeber zu gebrauchen. Allein
die edle Leidenschaft der Gesetzgeber, das Entgegenkommen und die
Hingabe des Volkes übten eine tiefe moralische und nationale Wirkung auf das Volkswesen aus: die Bewegung, zu der sich Regierung,
Gesetzgeber, Armee und Volk die Hand reichten, war eine ideale,
eine nationale, eine religiöse. Das mögen die Propheten bedenken,
die dem Volke alles rauben wollen, was das Herz entflammt, und
die nur eine Leidenschaft anzuerkennen scheinen, den nackten brutalen
Materialismus der leiblichen Bedürfnisse.

Unvereinbarer giebt es aber nichts auf der Welt, als
die hohe moralische und ideale Schwungkraft der Scharnhorst'schen Gesetzgebung und die ideenlose Gesetzgebung,
welche die Sozialdemokratie verheißt. Der „Scharnhorst-
sche Gedanke", entsprungen dem reinsten Idealismus, ist schon
deshalb im Munde der Sozialdemokratie entweder ein ironischer
Hohn oder eine traurige Unwissenheit.

III.

Die Vollstreckung des Scharnhorst'schen Gedankens.

Scharnhorst hat niemals die Absicht gehabt, dasjenige, was er
in der Nothlage Preußens für richtig hielt, ohne Weiteres zur
dauernden Einrichtung zu machen. Sein nächstliegender Plan ging
dahin, vor Allem die stehende Armee wieder so weit zu kräftigen,

daß sie einem ernsten Zusammenstoße mit dem Feinde allein zu be-
gegnen, ihm solange Schranken zu setzen im Stande wäre, bis eine
Landesbewaffnung organisirt und unterstützungsbereit sei.

Am 3. September 1814 erschien das Gesetz über die „Ver-
pflichtung zum Kriegsdienste", dessen § 1 sagt:

„Die allgemeine Anstrengung Unseres treuen Volkes ohne Ausnahme und Unterschied hat in dem soeben glücklich beendeten Kriege
die Befreiung des Vaterlandes bewirkt und nur auf solchem Wege
ist die Behauptung dieser Freiheit und der ehrenvolle Standpunkt,
den sich Preußen erwarb, fortwährend zu sichern. Die Einrichtungen also, die diesen glücklichen Erfolg hervorgebracht und deren
Beibehaltung von der ganzen Nation gewünscht wird, sollen die
Grundgesetze der Kriegsverfassung des Staates bilden und als
Grundlage für alle Kriegseinrichtungen dienen; denn in einer ge-
setzmäßig geordneten Bewaffnung der Nation liegt die sicherste
Bürgschaft für einen dauernden Frieden."

Daher sollte die bewaffnete Macht von nun ab bestehen: aus
dem stehenden Heere, der Landwehr ersten Aufgebots, der Landwehr
zweiten Aufgebots und dem Landsturm.

Im Jahre 1817 überreichte Boyen dem Könige die bereits erwähnte „Darstellung der Grundsätze der alten und der
gegenwärtigen preußischen Heeresverfassung". Darin finden sich die
Scharnhorst'schen Motive klar niedergelegt, jedoch kann nach dem
bereits Gesagten das Prinzip der allgemeinen Wehrpflicht über-
gangen werden.

In Bezug auf das Rekrutenkontingent heißt es:

„Nur durch diese Vermehrung der waffenfähigen Männer kann
die Nation, militärisch gebildet, einen dauernden Kampf gegen über-
legenen Anfall bestehen. Der Umfang und die Lage des Staates
fordern im Verhältniß zu den übrigen Mächten größere Anstrengungen in der kriegerischen Ausbildung der Nation. Von dem
Augenblicke, wo irrige Ansichten und weichlicher Sinn uns wieder
von dieser Bahn ablenken, würden wir unserer politischen Vernichtung unvermeidlich entgegengehen."

Besonders wichtig ist der § 3: „Die Erfahrung aller Völker
hat gelehrt, daß eine Armee in wenig Friedensjahren ihre Brauchbarkeit für den Krieg verliert, wenn sie nicht gegen das Einbürgern
bewahrt wird."

„Nur ein vollzähliges, marschfertiges, auch im Frieden gerüstetes Heer kann sich zur rechten Zeit und ohne
andere Kosten, als die jeder Marsch verursacht, dahin be-
wegen, wo Gefahr droht, ohne zu politischen Spannungen der
Nachbarstaaten Veranlassung zu geben, während die Landwehren,
da, wo es erforderlich wird, und zwar provinzweise, die Besatzung
im Innern des Landes übernehmen können."

„In jedem Fall macht die Zusammenziehung der Beurlaubten die Benutzung des günstigen Augenblicks unmöglich;
ihr Abmarsch setzt ganze Provinzen der Gefahr aus, im Rücken
überfallen zu werden. Die Erfahrung der jüngst verflossenen Zeit
hat die Behauptung bestätigt und die großen Vortheile des von
Seiner Majestät befohlenen Systems, des stehenden Heeres und
der Landwehr, jedem vorurtheilsfreien Beobachter überzeugend
dargethan."

„Gegen dieses System sind zwei sich völlig entgegengesetzte
Ansichten aufgestellt worden .... Die eine derselben ist gegen die
stehenden Heere gerichtet. Sie hält die Vertheidigung des Staates
durch Landwehren allein ausreichend gesichert .... Wie unhaltbar
diese Behauptung sei, da selbst die beste Landwehr, unter den
günstigsten Verhältnissen gedacht, einem zerstreut kanton-
nirenden Heere ähnlich, nie zur rechten Zeit auf den be-
drohten Grenzen würde vereinigt werden können, ergiebt
sich bei dem ersten Blicke auf die bestehenden Einrichtungen anderer
Staaten und durch unsere eigene Erfahrung. Hätte das
stehende Heer die Schlachten von Groß Görschen und von Bautzen
nicht geschlagen, wie würde es der Landwehr möglich geworden
sein, sich zu bilden? Aber auch die glücklichen Resultate der letzten
Feldzüge können nur bedingungsweise als Muster für die kom-
menden aufgestellt werden. Fast ganz Europa, zu einem Zweck
verbunden, stellte solche bedeutende Streitkräfte in dem Kampfe,
die, wenn auch nicht alle vorhergegangenen Ereignisse
jenen herrlichen Willen erzeugt hätten, schon ihrer bloßen
Zahl nach überwiegend waren. Der Feind hatte den größten
Theil seiner alten erfahrenen Krieger verloren. Unseren
neu ausgehobenen Wehrmännern wurden nur junge Kon-
skribirte entgegengestellt. Nicht alle künftigen Feldzüge werden
gleich günstige Verhältnisse gewähren. Höchst verderblich würde

es daher sein, bei der jetzigen Art den Krieg zu führen, die ganze Ausbildung unserer Soldaten auf die unterbrochene Uebung weniger Wochen beschränken zu wollen."

„Für das stehende Heer muß die höchste Ausbildung, die vollendetste Brauchbarkeit für den Krieg höchster Zweck sein . . . . Eine dreijährige ununterbrochene Dienstzeit im stehenden Heere verschafft dem Landwehrmann, nach seinem Austritt aus demselben, eine bei weitem vollendetere Ausbildung, als es bei der vormaligen Beurlaubung möglich wurde. Eine kurze alljährliche Uebung in seiner Heimath reicht hin, sie ihm ohne größere Aufopferung für Zeit und ohne Vermehrung der Kosten zu erhalten."

Niemand anders als Kaiser Wilhelm I. hat hierzu folgenden Kommentar geliefert: „Der Schöpfer dieser Verfassung, Kriegsminister v. Boyen, erkannte mit dem ihm eigenthümlichen klaren Blicke, daß eine beurlaubte Landwehr nur dann einen Halt und Kriegstüchtigkeit haben könne, wenn die Mannschaften eine so feste und gebiegene erste Kriegserziehung erhalten hätten, die es möglich macht, daß jene 2—3malige Einziehung auf 14 Tage hinreicht, um das Erlernte wieder aufzufrischen und zu verlebendigen." . . .

„Ob aber die Erfolge, wie wir sie von dem Krümpersystem und von der Landwehr des Jahres 1813 gesehen haben, erreichbar gewesen sein würden, wenn nicht jener hohe moralische Aufschwung durch die Verhältnisse herbeigeführt worden wäre, dies dürfte wenigstens zweifelhaft sein. Am schlagendsten hat sich hierüber der Kriegsminister v. Boyen selbst ausgesprochen. Wir erinnern uns nämlich einer Verhandlung über die Wehrverfassung Preußens, bei welcher ihm die Frage gestellt wurde, warum er denn das Krümpersystem des Jahres 1813 nicht beibehalten habe, als es sich 1814 um die neue Organisation der preußischen Landwehr gehandelt, indem jene Systeme doch unendlich wohlseiler, als das jetzige gewesen seien — worauf Boyen mit seiner bekannten Klugheit und Energie antwortete: „Weil ich etwas Besseres wollte, als was die Noth geboten hatte."*)

Nähere Hinzufügungen sind überflüssig. Es darf nur daran erinnert werden, daß die Sozialdemokratie alles in Bewegung setzt,

------

*) (Prinz von Preußen) Bemerkungen zu dem Gesetzentwurfe über die deutsche Wehrverfassung. Als Manuskript gedruckt, 1849, Seite 31 und 37.

bem Volke die Jdeale des moralischen Aufschwungs zu rauben, daß die höhere Kriegsenergie der Neuzeit, die größere Kriegsbereitschaft der Staaten, der Aufmarsch durch Benutzung der Eisenbahnen erst recht für die stehenden Heere im Sinne Scharnhorst's und des Vollstreckers seines „Gedankens", Boyen's, spricht.

IV.
Sozialdemokratische Heeresreform.

Man kann wohl annehmen, daß der vom Abgeordneten Lieb=knecht angekündigte Antrag auf Umwandlung des stehenden Heeres in eine Miliz sich nicht erheblich von demjenigen seiner sozialdemo=kratischen Freunde in Frankreich unterscheiden wird. Hat er ihn doch ausdrücklich als das Ziel ihrer Bestrebungen hingestellt!

Es wird deshalb nöthig, diesen dem Wortlaut nach anzu=führen, zugleich aber auch die Ziffer im Auge zu halten, welche die deutschen Sozialdemokraten zur Vertheidigung des Vaterlandes nach zwei Fronten für nöthig erachten, nämlich bloß — 8½ Millionen Männer.

Der französische Antrag vom 7. Dezember 1893 sagt:

„1. Die stehende Armee ist aufgehoben. Sie geht unverzüglich und schnell in nationale beurlaubte (sédentaires) Milizen über, deren Ausbildung nicht der heutigen Vollkommenheit zu entsprechen braucht, dagegen muß die defensive Macht die Gesammtheit der Streitkräfte in sich begreifen und verwenden.

2. Die nationalen beurlaubten Milizen umfassen alle brauch=baren Bürger vom 18. Lebensjahre an.

3. Ihre Kadres werden provisorisch von Offizieren und Unter=offizieren der alten Armee gebildet. Später ergänzen sie sich nach den Vorschriften eines Gesetzes.

4. Für die Marineinfanterie und den Dienst in den Kolonien werden Regimenter aus Freiwilligen gebildet; die Einge=borenen werden zugelassen. Diese Korps dürfen nie=mals zu irgend einem Dienst das Mutterland be=treten.

5. Die nationalen beurlaubten Milizen verlassen niemals ihre Heimath. Ihre Uebungen vollziehen sich innerhalb der Grenzen der Gemeinde oder des Kantons, über die sie nur ausnahmsweise auf kurze Entfernungen hinausgeführt werden dürfen.

6. Die nationale beurlaubte Armee aus diesen Milizen zusammengesetzt, kann nur unter die Waffen gerufen und in Bewegung gesetzt werden zum Zwecke einer durch allgemeine Abstimmung bewirkten Kriegserklärung.

7. Nur im Falle einer unerwarteten Invasion versammeln sich die nationalen Milizen sobald als möglich auf Anordnung der Regierung auf den vorher bestimmten Punkten, um die Einbrecher zurückzuwerfen, ohne daß eine allgemeine Abstimmung nöthig wäre.

8. Die militärische Erziehung vollzieht sich von der Schule an durch alle Zeitläufte der Jugend nach Maßgabe der Kräfte des Kindes und des jungen Mannes bis zum Eintritt in die nationale beurlaubte Miliz.

9. Alle Kinder des platten Landes werden wie die militärischen Korps der Milizen in Subdivisionen je nach der Zahl organisirt und im Marschiren, Laufen, Schwimmen, Schießen, der Handhabung aller Waffen, der Kenntniß und Ausführung aller Pionierarbeiten, den Bewegungen der Infanterie, Kavallerie und Artillerie ausgebildet.

Ein besonderes Gesetz wird alles, was diesen Unterricht betrifft, regeln und Spezialbehörden einsetzen, welche es zu vervollständigen haben.

10. Vom 18. Lebensjahre an treten die jungen Leute in die nationale beurlaubte Miliz und bilden von da an einen integrirenden Theil derselben.

11. Alle nöthigen Maßnahmen für den schnellen Uebergang der stehenden Armee in nationale beurlaubte Milizen, organisirt für eine unbesiegbare Defensive, ebenso alle Einzelheiten der Organisation der nationalen beurlaubten Miliz werden Gegenstand besonderer Gesetze sein."

Nachdem der „Scharnhorst'sche Gedanke", der nach der Sozialdemokratie noch der Verwirklichung harren soll, entwickelt worden ist, hieße es das Werk und die Absichten dieses Heroen des

Vaterlandes herabsetzen, wenn man sich auf eine ernste Unter=
suchung der Lebensfähigkeit dieses Antrages einlassen wollte; er
würde die von uns genannte societas militans verwirklichen. Er
wäre ein kulturfeindlicher Militarismus und mit Bezug auf die
Bestimmungen über die Kinder ein brutaler Angriff auf die Zivili=
sation; er verwandelte die Völker in uniformirte Lager, welche zur
Zeit der Uebungen der ganzen Staatsmaschine Halt geböten, alle
Gewerbsthätigkeit und jede Regung des bürgerlichen Lebens voll=
ständig zum Stillstande brächten. Er machte die Staaten that=
sächlich wehrlos, denn wem sollten wohl diese undisziplinirten, un=
ausgebildeten, ungeübten Haufen gehorchen wollen? Deshalb würden
sie aber auch der Tod der Zivilisation und Kultur sein: wie sich
das in der Geschichte der Völker beim Verlassen der gesunden
Wege der Staatswehr zeigt. Ob das das eigentliche Ziel dieser
Reform ist, mögen die Antragsteller selbst beantworten.

Die deutsche Sozialdemokratie will ausdrücklich eine societas
militans von 8½ Millionen und sie will damit einen Krieg nach
zwei Fronten führen! Da sie dazu im Stande sein will, so muß
sie doch auch erwogen haben, wie diese Massen mobil gemacht
werden sollen. Kadres und Heeresleitung giebt es im Frieden
nicht, außer der sogenannten Uebungszeit. Wer soll den Mobil=
machungsplan mit allen seinen Vorarbeiten aufstellen? Wer ihn
ausführen? Allein dieser Gesichtspunkt erheischte respektable Kräfte,
oder die Sozialdemokratie müßte die societas militans nach Art
der hunnischen Völkerwanderung in's Feld ziehen lassen. Hält doch
die — in den Augen der Sozialdemokratie — Mustermiliz der
Eidgenossenschaft dafür — außerdem aber jetzt auch für ihre Be=
festigungen — das Personal zurück.

Wer soll das Ersatzgeschäft leiten, wie soll es bewältigt werden?
Schon heute erfordert es bedeutende Kräfte. Und nun erst bei
zweimaliger Einstellung der Rekruten im Jahre unter Zugrunde=
legung des Kontingents für 8½ Millionen Streiter, also dann in
zwei Raten von je 250 000 Rekruten! Die hierfür nöthigen Kräfte
würden dauernd im Dienst gehalten werden müssen und eine respek=
table Armee bilden. Da es keine Ausnahmen giebt, so wüchse die
Zahl der Wehrpflichtigen im Verhältniß der Bevölkerungszunahme.
Kann man sich etwas Unklareres in militärischer Beziehung und
etwas Drückenderes in bürgerlicher und politischer denken?

Da die 8½ Millionen in's Feld rücken sollen, so müssen für
sie auch Bekleidung, Waffen, Ausrüstungen, Munition und, wenn
sie nicht sogleich verhungern und verkommen sollen, Nahrungs=
mittel bereit sein, Einrichtungen für den Unterhalt und für das
Sanitätswesen bestehen und vorgesehen werden.

Wo soll das vorräthig gehalten werden? Wer soll es leiten, beaufsichtigen? Es träte wieder eine respek=
table Armee hinzu. Wie denkt die Sozialdemokratie sich die Aus=
bildung von jährlich mindestens 500 000 Rekruten; was müßte für
Reisen des Ausbildungspersonals, Transportkosten der Rekruten,
Tagegelder, Schießstände, Uebungsplätze bezahlt werden? Jeden=
falls müßte das Ausbildungspersonal sich vervierfachen: im ähn=
lichen Verhältniß würden die Kräfte für den Generalstab und das
Transportwesen wachsen. Dazu kommt aber noch das Personal
für Millionen Kinder.

Womit soll der erste Widerstand geleistet werden? Es sind ja
nur Rekrutenhaufen da? Einen Grenzschutz giebt es nicht; jede
militärische Disposition ist ausgeschlossen.

Die societas militans würde viel theurer werden, als die
gegenwärtige Armee. Wie angeführt wurde, bedürfte diese Masse
einer stehenden Armee an Ausbildungs=, Beaufsichtigungs=, Ver=
waltungs=, Leitungs= und Besatzungspersonal. Die Schweiz hat
z. B. für die Fortwachen des Gotthard am 7. Dezember 1893 so=
genannte „Spezialarbeiter" in Dienst nehmen müssen. Sie beziehen
ein Jahresgehalt von 1800—3200 Francs. Dies zu Grunde ge=
legt, stiegen unsere Ausgaben bei den sozialdemokratischen Massen
in's Ungeheure. Aber auch die anderweitigen Kosten würden un=
erschwinglich sein. Der Mehrbedarf an Pferden bei 8½ Millionen
Streitern stellte sich auf 1 197 994 Stück. Wird der zur Zeit
überschießende Bestand an kriegsbrauchbaren Pferden in Deutschland
abgerechnet, so wäre ein Fehlbetrag von rund einer Million Pferden
zu decken. Da dieser Betrag im Kriege überhaupt nicht aufzu=
bringen sein würde, so bleibt nichts übrig, als ihn im Frieden vor=
sorglich zu decken, sonst kann die Riesenarmee nicht aufgestellt
werden. Rechnet man ein kriegsbrauchbares Pferd nur zu 1000 M.,
so entsteht zunächst eine Ausgabe von einer Milliarde. Wird eine
zehnjährige Dauerzeit der Pferde angenommen, so sind jährlich
100 000 Pferde anzukaufen, d. h. es ist eine jährliche Aufwendung

von 100 Millionen erforderlich, und zwar kommt sie lediglich dem Auslande zu Gute, da in Deutschland diese Pferdemassen nicht aufzubringen sind. Wie man sich die Ernährung, Wartung und Dressur der Pferde denken soll, bleibt ein Räthsel. Die höheren Stäbe ganz außer Betracht gelassen, beträgt der Mehrbedarf im Kriege per Monat an Besoldung . . . . . 134 441 320 M.

an Naturalverpflegung:

und zwar an Mundportionen . . . . . 212 904 000 „

an Fourage . . . . 71 879 640 „

mithin im Ganzen per Monat . . . . . . 419 227 960 M.

Hierbei sind die unausbleiblichen Kriegsverluste, sowie die theureren Preise im Kriege nicht in Ansatz gebracht; auch das Approvisionnement der Festungen ist gleichfalls nicht berücksichtigt. Selbstverständlich muß diesem Mehrbedarf entsprechend auch ein dreimonatlicher Verpflegungsvorrath vorsorglich niedergelegt werden, der sich auf einen Werth von 854 350 920 M. beziffern würde. Eine Auffrischung dieses Vorrathes wird unmöglich sein, so daß sich hieraus alljährlich große einmalige Bewilligungen ergeben.

Ich komme nun zu den einmaligen Ausgaben, welche die unausbleibliche Folge der projektirten Erhöhung der Kriegsstärke sind. Es entstehen nach den vom Reichstage gebilligten Grundsätzen folgende Kosten:

für Bekleidung und Ausrüstung. . 693 000 000 M.

„ Bewaffnung . . . . 300 300 000 „

„ Fahrzeuge . . . . . . 234 739 350 „

„ Geschütze . . . . 115 164 000 „

„ Gewehr= und Geschützmunition . 486 669 680 „

im Ganzen 1 829 873 030 M.

Was die im Augenblick der Mobilmachung zu zahlenden Mobilmachungs= und Ausrüstungsgelder und die Entschädigungen aller Art bei einer solchen Kriegsstärke betragen würden, läßt sich hiernach ungefähr veranschlagen.

Uebrigens scheint die Sozialdemokratie inzwischen etwas gelernt zu haben. In einem Artikel des „Vorwärts" wird zugestanden, ein Stamm von 150 000 Mann müßte verbleiben. Ja, damit sind doch Prinzip und Wirklichkeit des Dogmas der Milizeinrichtung Preis gegeben und der Streit drehte sich nur noch um die

Ziffer des stehenden Heeres. Denn an den 8½ Millionen Kriegsstärke hält die Sozialdemofratie fest. Hiermit erkennt sie desgleichen auch an, daß Waffen, Ausrüstung, Bekleidung vorräthig gehalten werden müßten u. f. w. Wie bei diesem Verhältniß die Wirthschaft sich gestalten soll, ist nicht gesagt. Alle 80 Jahre würden die Bestände etwa in Gebrauch genommen werden. Man überantwortete also Millionen jährlich einfach dem Mäuse- und Mottenfraß und der Stamm von 150 000 Mann würde durch die Arbeit der Ausbildung der 8½ Millionen sich in ein großes In-validenhaus verwandeln.

Die sozialdemokratische Miliz von 8½ Millionen stellte sich also unendlich theurer als unsere jetzige Armeeeinrichtung. Für eine schlechte Armee, und dies müßte sie unausbleiblich werden, ist aber jeder Pfennig weggeworfenes Geld.

Auch der Geist dieser sozialdemokratischen Riesenschöpfung kann durch die Motive, welche dem französischen Antrage beigefügt sind, ziemlich genau beurtheilt werden. Die künftige Volksarmee soll nämlich dazu bestimmt sein, „die schon erworbenen Rechte zu vertheidigen und die noch fehlenden zu erobern" und zwar vom Staate und vom Kapitalismus. Jeder soll dienen, also Reiche und Arme; zwischen Besitzern und Besitzlosen müßte noth-gedrungen innerhalb der Armee ein Kampf in Permanenz be-stehen, bis die sozialdemokratische Nivellirung des Besitzes vollzogen wäre. Es gehört ein eigener Muth dazu, eine solche „Zukunfts-armee" mit dem „Scharnhorst'schen Gedanken" zu identifiziren.

Ich bin weit davon entfernt, anzunehmen, daß die Massen an die Utopie der Sozialdemofratie blindlings glauben, daß sie alles das für ausführbar halten, was die Führer versprechen, und für besser, als das, was wir besitzen. Man kann zudem ein guter Bürger und schlechter Soldat sein. Jedenfalls genügen die Eigen-schaften des ersteren nicht für den zweiten. Man kann kein guter Soldat werden, ohne auf manches zu verzichten, was dem Bürger lieb und theuer ist. Der gute Bürger wird z. B. den nöthigen Muth haben, sich zu schlagen, aber es werden ihm die Erfahrungen, die Fertigkeiten und Tugenden fehlen, welche für den Krieg noth-wendig sind. Man stelle eine begeisterte Nationalversammlung einer Kompagnie ausgebildeter Soldaten gegenüber, und über das Ergebniß wird wohl Niemand im Zweifel sein. Gewiß wird die

Macht der Ideen im Völkerleben, seien es politische, soziale oder religiöse oder alle zugleich, nicht unterschätzt. Sie sind in der Regel die Vorboten einer anderen Zeit, doch die andere Zeit wird immer mit Strömen von Blut solcher Massen eingeleitet, wie sie die Sozialdemokratie wünscht. Diese Erscheinung wiederholt sich in allen Revolutionskriegen. Keiner liegt uns näher, keiner spricht aber auch nachdrücklicher für die Richtigkeit dieser Auffassung als der französische Revolutionskrieg. Niemals hat der Massenmord mit Sengen und Brennen so furchtbar gewüthet, als in der Vendée. Und man sehe die Männer von damals, welche die Zivilisation predigten und zugleich die Zivilisation unter die Füße traten! Begegnet man heute nicht denselben Phrasen? Waren es nicht die Massen des Wohlfahrtsausschusses, welche sich besser auf's Morden und Brennen verstanden, als es vielleicht jemals Horden in der Völkergeschichte gegeben hat. Und zeigten diese Massen nicht zugleich, daß sie unfähig waren, das Feld zu halten, bis sie durch eine feste Kriegszucht, durch eine hinreichende Ausbildung und Erfahrung Soldaten geworden waren. Als dann aber die Carnot, Hoche und Napoleon dem französischen Volke den Sieg gegeben hatten, da waren alle die Jahre lang gepflegten Tiraden vom „Weltbürgerthum" vergessen, der militärische Geist erfüllte Nation und Heer mit Stolz, und der große Bonaparte warf mit denselben Massen, die sich an seinem Siege berauscht hatten, die ganze bisherige Bewegung zum Fenster hinaus. Ist denn die Sozialdemokratie sicher, daß sich Aehnliches nicht wieder ereignen wird? Nur Eins könnte sie vor ihrer Täuschung bewahren, nämlich eine völlige Veränderung der Natur des Menschen. Darauf ist aber nicht zu rechnen. Er ist mit allen seinen Leidenschaften derselbe geblieben von Anfang der Welt und so wird es auch ferner sein.

Ueberspannungen der Kräfte der Bevölkerung haben in der Geschichte zu Rückbildungen oder zum Betreten anderer Wege geführt. Das, was die Sozialdemokratie will, würde Ueberspannung sein. Sie mag sie vielleicht uneingestandenermaßen sogar wünschen, in der Meinung, auch dann ihre Rechnung zu finden.

Die Beweise für meine Auffassung liegen in der Geschichte, und namentlich das cäsarische Rom und das cäsarische Frankreich zeigen diese Rückbildungen. Die römische Republik mußte, weil die Bauern — etwa seit Cannae — bis zur Vernichtung für das

Vaterland gekämpft hatten, die „allgemeine Wehrpflicht" fallen lassen und alle möglichen Palliativmittel zur Füllung der Legionen anwenden, politisch unfähig, noch einen ganzen Reformschritt in dieser Richtung zu thun. Die Rückbildung aus der allgemeinen Wehrpflicht in einen Soldatenstand hatte sich deshalb im Laufe der Jahre so vollziehen können, daß die stehende Cäsaren-Armee der Söldner und Fremden da war, ohne sich sonderlich über diesen vollständigen Prinzipienwandel zu verwundern, der noch dazu im Gegensatz zu dem nicht aufgehobenen Gesetz war. Die Cäsaren führten die Rückbildung nur bis zu ihrem Höhepunkte durch, bis auch sie mit den Trümmern des Reiches unterging. Aber dem Prinzip der Miliz und der Söldnerei beider Perioden verdankt die Kultur sehr vieles, die Rückbildung konnte sich von dem Kriegsbrauch, dem Kriegsgesetz, der Auffassung des Kriegs im Völkerleben, der Kriegs-zucht nicht lossagen, trotzdem es ein eigentliches römisches Volk nicht mehr gab, sondern nur einen Staat, der nach römischem Reglement geleitet wurde und in dem Römisch die Staatssprache war.

Die Rückbildung aus der „allgemeinen Wehrpflicht" zeigt Frankreich ebenfalls seit Napoleon I. Es ist hier, als ob Carnot nicht gelebt hätte; der Bogen der Kräfte des Landes war nicht einmal überspannt, wie wir heute genau wissen, die bloße Besorgniß, er könnte es werden, veranlaßte das Verlassen eines Weges, auf dem das Vaterland sich befreit und Frankreich ringsumher trium-phiert hatte.

Die allgemeine Wehrpflicht hat aber auch eine gewisse Ein-helligkeit der politischen Gesinnung der Bevölkerung zur Vorbedin-gung, wenigstens soweit politisch und national sich decken. Eine Rückbildung kann eintreten, wenn die Bevölkerung das Opfer des Parteifanatismus geworden ist, oder zu werden droht. Beides war bis zur Schwelle des cäsarischen Roms und cäsarischen Frankreichs der Fall. Es kann sich anderswo wiederholen, und wer weiß, ob wir einer Rückbildung nicht näher stehen, als der „Fortführung der allgemeinen Wehrpflicht" im sozialdemokratischen Sinne. Sie wird aber nicht erfolgen, ohne daß die Einrichtungen der heutigen allgemeinen Wehrpflicht auch sonstwo die Probe abgelegt hätten. Es wird also eine politische, soziale oder militärische Katastrophe vorhergehen, aus den Trümmern heraus betritt der Mächtigste neue Wege. So ist es in der Geschichte immer gewesen; immer wird auch Einer als der Mächtigste übrig bleiben. Dies wird durch keine Lehre aus der Welt geschafft, es sei denn, daß der Mensch selbst verschwände.

Politik ist Macht; aber Macht gebrauchen, ihr Form und Inhalt von Dauer geben, kann nicht immer die erste beste politische Partei. Die politischen Parteien sind anderseits wieder der Boden für die Mächte, die sie selbst bekanntlich immer als „abgesetzt", „abgeschafft" u. s. w. in der Geschichte erklärt haben. Wenn die Sozialdemokratie glaubt sich im Regen zu befinden, so führt ihr Weg in dieser Beziehung ganz gewiß in die Traufe.

V.
Schluß.

Aus dieser Darlegung erhellt:

1. daß Scharnhorst kein Gegner, sondern ein Anhänger der stehenden Heere war, der den Gesichtspunkt in der Wehrverfassung und der Organisation vertrat, daß jede Staatswehr den nationalen Eigenthümlichkeiten, der geographischen Lage des Staates und seinen Mitteln entsprechen müßte. Er wollte kein Weltschema der Wehrverfassung; er erkannte nur eine Staatswehr an, verwendet nach dem Willen des Staatsoberhauptes, wo es immer im Interesse des Staats sein möge. Damit wies er der staatsrechtlichen und politischen Stellung der bewaffneten Macht im Staate ihren Platz an. Und wie hätte dieser Mann, Staatsmann, Organisator und Feldherr zugleich, zu einem anderen Schluß gelangen können? Er gestand zu, daß z. B. England mit einer anderen Wehrverfassung gedient sein würde, als Preußen. Wenn trotzdem der „Scharnhorst'sche Gedanke" mit mehr oder minder prinzipientreuen Veränderungen, inzwischen die Reise durch Europa bis Japan gemacht hat, so liegt darin gewiß die Tiefe seiner Wahrheit begründet, sonst hätten die Entwickelungsgesetze der Kultur und Zivilisation gewiß seine Verbreitung verhindert. Traurig, daß

die Sozialdemokratie sich dieser Beweisführung zu ver-
schließen scheint.

2. Scharnhorst erkannte keine Miliz als ausreichend für die
Vertheidigung des Vaterlandes an, sondern er dachte
sie sich stets in Verbindung mit dem stehenden Heere.

3. Von der Miliz pfropfte er das frische Reis der allgemeinen Pflichtigkeit auf die stehende Armee, zur Er-
langung einer nationalen Staatswehr aus den ausge-
fahrenen Spuren der Söldnerei. Die Vereinigung der
Grundsätze des stehenden Heeres für die Kriegskunst und
Kriegszucht mit dem Geiste der Miliz sollte dem Staate
die nationalen, geistigen und moralischen Kräfte der Nation
zuführen; Staat und Volk durch die Armee verketten.

4. Ein Mindestmaß für die Dienstzeit unter der Fahne hat
Scharnhorst nicht angegeben. Eine Verkürzung auf 3 Jahre
schien ihm für die damalige Zeit richtig.

5. Seine Hauptreform in der Staatswehr beruhte in der
Aufstellung einer Reserve für die stehende Armee nach bis
dahin nicht bestandenen Gesichtspunkten.

6. Volkswirthschaftliche Rücksichten bestimmten ihn, selbst
in der damaligen Lage des Vaterlandes, zu Befreiungen
von der Pflichtigkeit; Scharnhorst konnte also unmöglich
unter besseren Verhältnissen das „ganze" Volk dienen
lassen wollen.

7. Die ungünstige geographische Lage Preußens (Deutsch-
lands) erheischte nach seiner Ansicht ein besonders leistungs-
fähiges Wehrsystem; er basirte es deshalb mit Rücksicht
auf einen Krieg nach zwei Fronten.

Nur soweit sollte die Untersuchung geführt werden,
denn die anderen Reformen gehören nicht hierher, höchstens
könnte man das Prinzip der Uebungspflicht im Beurlaubten-
verhältniß für die Reserve noch anführen, um die ganze
Staatswehr auf der Höhe der taktischen Anforderungen
der Zeit zu erhalten. Deshalb sollte aber auch seine Miliz
(Reserve) zur Führung eines Angriffskrieges be-
fähigt sein.

8. Das Prinzip einer Ungleichheit in der Dienstzeit unter
der Fahne, basirt auf dem verschiedenen Bildungsgrad, hielt
er für richtig.

5

Wie Scharnhorst sich die Weiterführung und Wirkung seiner Schöpfung im geregelten Friedenshaushalt des Staates dachte, ist durch die Worte desjenigen bezeugt worden, der am tiefsten in seine Pläne eingeweiht war, des späteren Kriegs= ministers v. Boyen.

Diejenigen berufen sich mit Unrecht auf Scharnhorst, welche grundsätzlich die Miliz wollen.

Scharnhorst wollte das, wie nachgewiesen, nicht. Er war von der Nothwendigkeit gründlicher Durchbildung aus eigener Diensterfahrung überzeugt. Wenn er sich in seinen Bestrebungen dem Milizgedanken zeitweilig näherte, so geschah es lediglich zu einem ganz bestimmten Zweck. „Seine (Napoleon's) Macht ist nicht mehr so groß!" Das war das Leitmotiv für die Schaffung und Anwendung seiner Mittel. Und in der That liegt hier wieder ein Beweis für Scharnhorst's tiefen und genialen Blick in der Be= urtheilung der gegnerischen Kraft, um demeutsprechend die eigene zu bemessen und zu gestalten. So großes Scharnhorst ge= leistet hat, wäre das Unglück von 1812 nicht vorausge= gangen, wodurch die alte französische Armee mit ihrem zahlreichen und tüchtigen Offizier= und Unteroffizierkorps unterging, die Scharn= horst'sche Schöpfung hätte wahrscheinlich, trotz der Begeisterung, welche das Volk ergriffen hatte, nicht zur Befreiung des Vater= landes hingereicht.

Unter diesen Umständen handelte es sich darum, für einen voraussichtlich in kurzer Zeit auszufechtenden Krieg eine möglichst große Zahl von Menschen halbwegs abzurichten, und dies innerhalb einer vom Feinde vorgeschriebenen Präsenzstärke, deren Innehaltung argwöhnisch verfolgt wurde. Die Krümper und Rekruten waren aber auch zum großen Theil durch die längere Dienstzeit bereits bessere Soldaten geworden, als die napoleonischen Anfangs von 1813. Und während Napoleon's Offizier= und Unteroffizierkorps zu 90% vernichtet war, konnte Scharnhorst's Schöpfung hin= reichend mit tüchtigen Berufsoffizieren und Unteroffizieren aus= gestattet werden, welche bereit waren, die Schmach des Vaterlandes zu rächen. Ihnen gesellten sich die besten Kräfte aus den gebildeten Ständen außerdem noch zu.

Lediglich für den bestimmten Zweck der Befreiung des Vater= landes waren seine Maßnahmen gedacht, und Scharnhorst war ein viel zu kluger Mann, als daß er in den Zeiten des Druckes, unter dem ganz Preußen stand, allgemein hätte bekannt werden lassen, was er damit beabsichtigte. Die Folge davon ist ja allerdings ge= wesen, daß diejenigen, welche ihn in der eigenen Armee nicht hin= reichend verstanden, ihn befehdeten und daß die spätere Geschichts= schreibung eine Zeit lang irrthümliche Ansichten über seine Grund= sätze geäußert hat. Ihn selbst hat ein früher Tod verhindert, nach erreichtem Erfolg Organisation und Ausbildung derart zu regeln, wie er es selbst für richtig gehalten hat, nämlich in dem Geiste und Wesen, wie Boyen und König Wilhelm I. auf seinen Grundsätzen weitergebaut haben. Und damit ist Deutschland wahrlich nicht schlecht gefahren!

Druck von C. G. Röder, Leipzig.